POUR UNE SAGESSE MODERNE

Dr Yasmine Liénard

POUR UNE SAGESSE MODERNE

Les psychothérapies de 3e génération

Odile Jacob

15, rue Soufflot, 75005 Paris

www.odilejacob.fr

ISBN 978-2-7381-2626-9

À Myriam, à Sarah
À ma mère
À mon père
À Hasna
À la mémoire de Jeanne

Avant-propos

Il est urgent de penser autrement. Il est urgent d'être sage.

Je suis psychiatre et ma consultation est remplie d'êtres désœuvrés, sans repères, vidés de leur sève, fantomatiques.

Ces personnes ont le sentiment de subir leur vie. Elles ne savent plus quelle est leur place, ou du moins ne l'ont-elles jamais su. Elles ne savent pas ce qu'elles désirent et errent de travail en travail, traînant les pieds pour prendre le métro aux heures de pointe. Elles sont parfois seules, sans compagnon, et s'en désolent, ou vivent en couple, mais là il s'agit plutôt d'un lieu de déchirement que d'amour.

Elles mangent sans avoir faim, boivent sans avoir soif, fument pour passer le temps. Leur état intérieur est une torture. Dès que leur esprit trouve un moment de calme, elles s'en emparent pour raconter les pires choses sur l'humain, sur l'avenir, sur le monde. La dépression est un enracinement que la pensée morbide permet, l'anxiété une tentative d'évasion vers d'autres possibles…

Les névroses signent notre temps et, ce qui frappe aujourd'hui, c'est qu'elles ne sont plus circonscrites au domaine de l'histoire personnelle, elles sont devenues une modalité d'être en rapport avec l'autre, la société, la condition humaine. On ne sait plus penser car il semble qu'on doive réapprendre à penser pour s'adapter à de nouvelles donnes.

Le temps n'est pas à la désolation mais au travail. Il n'a jamais été aussi urgent de se mettre au travail pour savoir comment s'adapter à cette période de l'histoire où de très nombreux systèmes ont montré leur inefficacité à assurer le confort du peuple et où la plupart des dogmes ont montré leurs limites.

L'homme est totalement sans repères. Et lorsque les gens consultent des psys, ce qui devient de plus en plus fréquent, ils espèrent trouver une réponse à leur désarroi et à leur vie vide de sens.

Ne tombons pas dans l'écueil des solutions faciles, de « bien-être » pour soulager « sur le moment ». Réfléchissons. Nous avons, nous psychiatres, nous psychothérapeutes, un rôle majeur à jouer. Quel est-il ?

Apprendre aux gens à s'adapter. À survivre. Et surtout à mieux penser pour acquérir leur autonomie, en somme leur liberté.

Or il est impossible de penser la liberté sans s'ancrer dans la réalité de ce monde et constater qu'il s'agit d'une lourde tâche.

Devenir autonome et cesser d'être autodestructeur sont bien les enjeux de la psychothérapie.

Ses buts sont de développer une meilleure santé de l'individu mais également de lui permettre de mieux vivre dans sa communauté, c'est-à-dire en lien avec les autres.

En effet, la personne névrosée, le dépressif, la personne anorexique mais aussi le cadre stressé ou l'agent social en burn-out sont pris dans leurs nœuds mentaux, et s'isolent la plupart du temps dans un rapport au monde très nombriliste. Ce ne sont pas des égoïstes. Simplement ils ne savent pas faire autrement. Ils n'ont pas eu de réponse à ce qu'est un être humain : comment il interagit avec les autres êtres humains, quel est le juste rapport au travail, jusqu'où être gentil, jusqu'où s'affirmer tout en restant digne.

Une pensée dichotomique, c'est-à-dire une pensée du « tout ou rien », est forcément un écueil pour trouver des solutions. Or c'est souvent ce que les gens choisissent pour tenter de comprendre le monde. Qui est beau, qui est laid ? Qui réussit, qui ne réussit pas ? Faut-il être violent ou alors un « loser » ?

Nous expliquerons plus loin en quoi nos tentatives de compréhension du monde peuvent nous donner une perception fausse de la réalité et causer notre souffrance. Le rôle des psychothérapies est d'aider les personnes à devenir plus intelligentes dans le sens qu'elles ont à développer une intelligence plus vaste que la leur, une vision plus lucide de la réalité pour agir de manière plus adéquate pour leur propre équilibre.

Les personnes qui consultent des psys le savent : elles ne viennent pas chercher le bien-être ou un réconfort. Elles viennent pour qu'on les aide à devenir des individus solides, responsables, prenant une vraie place active dans la société. Nous sommes donc là, nous les psys, pour les aider à penser mieux et à les éduquer.

Or, aujourd'hui, il est formidable de constater que nous avons des outils très concrets, efficaces et qui peuvent se coordonner entre eux pour peu qu'on réfléchisse à leurs articulations.

Il s'agit de techniques qui permettent d'abandonner ses fausses croyances, ses fausses interprétations et de ne pas se laisser engluer dans des émotions destructrices.

Ces techniques sont issues de la mouvance des thérapies cognitives et comportementales ou elles empruntent leur spécificité à une vision de l'esprit humain venue d'Orient, c'est ainsi le cas des thérapies inspirées du bouddhisme. D'autres pratiques peuvent se déduire de travaux théoriques sur les racines de la souffrance humaine.

Il est possible aujourd'hui d'offrir à un large public de personnes qui vont mal des moyens pour reprendre un peu pied, trouver la berge pour sortir de l'eau.

Et l'enjeu véritable est bien de penser l'individu et son lien avec son monde. Et tenter de définir ce qui nous anime, c'est-à-dire connaître nos valeurs. Cela est extrêmement riche et devrait nous interpeller, car a-t-on seulement pris le temps de penser ce sujet des valeurs en dehors du traitement de la névrose, c'est-à-dire à l'échelle de la société ?

Développement de l'individu et vie en communauté sont les deux axes sur lesquels l'homme, aujourd'hui, doit progresser pour que la dignité, l'éthique, l'amour, la compassion reprennent un peu leur place dans notre époque.

Il s'agit donc pour nous tous de développer une sagesse résolument moderne.

Voici un chemin que je vous propose pour tenter d'en approcher une voie, née de l'expérience de la psychiatre et psychothérapeute que je suis.

Introduction

Lorsque j'ai commencé à avoir la responsabilité de malades à l'hôpital, j'ai été saisie de doutes : allais-je pouvoir réellement aider ces personnes ? En savais-je assez pour que toutes puissent trouver un soulagement ?

Il m'apparaissait fondamental de me former à ce qu'était l'esprit humain, l'origine de la souffrance névrotique.

Le point de départ de cette démarche a été mon sentiment d'incompétence à soigner l'anorexie mentale lorsque j'exerçais dans l'unité des troubles alimentaires de l'hôpital Sainte-Anne.

Malgré mes tentatives de traitement avec des médicaments, ma bonne volonté, il manquait quelque chose. Les patientes (car il s'agissait souvent de jeunes femmes) rechutaient dans leur autodestruction et je ne comprenais rien à tout cela, à cette irrationalité qui les conduisait à faire exactement le contraire de ce qui pouvait leur faire du bien.

Il me semblait évident que je ne connaissais rien à ce qui les animait et j'ai choisi tout d'abord de travailler sur mon propre esprit pour mieux comprendre. Être sûre qu'il ne s'agissait pas de ma propre irrationalité qui pouvait être le frein à mes qualités de soignante.

J'ai bien fait, car mes premières rencontres avec des psychiatres psychothérapeutes m'ont montré que je n'étais pas tout à fait lucide. Mon histoire personnelle embrumait ma clairvoyance. Je voulais à tout prix réussir. J'étais dans une toute-puissance qui me conduisait à trop attendre de ces êtres fragiles. Cela correspondait à mes propres schémas de performance hérités de mon environnement familial.

Durant cette période, je découvris le bouddhisme ainsi que les travaux de Carl Gustav Jung.

Ces deux rencontres ont commencé à m'éclairer sur la complexité de l'esprit humain et les origines subtiles de la souffrance psychique.

Le bouddhisme me montrait que le mental nous éloignait de la réalité, car il y est postulé que l'esprit produit des interprétations illusoires qui nous voilent l'expérience réelle. Et Jung me montrait que la représentation du moi nous figeait dans une étiquette et nous empêchait d'être vraiment libres et authentiques. Pour rappel, Carl Gustav Jung était un disciple de Freud, psychiatre né en Suisse en 1875, qui s'est ensuite détaché de son maître pour élaborer une forme de psychanalyse basée sur l'existence de sous-personnalités multiples chez tout individu et sur la notion d'archétypes et d'inconscient collectif. Il avançait donc ainsi l'idée de l'influence de la société, des religions et de l'histoire sur les comportements des individus ainsi que le refoulement de parties de soi au nom d'une représentation préétablie et rigide.

Ces deux pistes de travail amorçaient donc mon travail de réflexion sur le rôle des pensées dans la souffrance, et sur la possibilité d'être plus libre et plus lucide. J'ai commencé à pratiquer la méditation de pleine conscience puis le zen. Je découvris que je n'étais pas vraiment présente à ce que je faisais et à mes émotions lorsque j'agissais. Je suivais plutôt des pensées, des « il faut », des « je dois ».

Le monde commençait alors à m'apparaître plus riche, plus diversifié dès lors que je prenais le temps de le regarder.

Ensuite, l'approche jungienne me montrait que vouloir adhérer à une représentation de soi occultait d'autres parties de soi contraires et ne permettait pas d'être sincère. Par exemple, je ne m'identifiais qu'à la personne qui réussissait et n'acceptais pas que certaines parties de moi aspirent au repos et à la simplicité.

Je sentais alors à ce moment que deux choses devaient changer. Je devais prendre plus de temps avec mes patients pour travailler avec eux, et ainsi la décision de consulter en cabinet devenait une évidence.

Et je voulais approfondir la question de la pratique de la méditation comme voie d'accès à la pensée, car elle permettait une mise à distance des phénomènes mentaux, un certain calme et un ancrage corporel qui semblaient manquer à tous ceux que je devais soigner. L'exploration de la pensée, de la névrose et des émotions, par le biais de lectures ou de formations, allait prendre beaucoup de mon temps.

C'est alors que j'ai eu la chance de me former à une toute nouvelle thérapie venue du Canada : la thérapie MBCT (*Mindfulness based cognitive therapy*) qui intégrait de la méditation avec des exercices sur la pensée dans la dépression. Il s'agit d'un protocole structuré basé sur la pleine conscience, inspiré de la MBSR (*Mindfulness based stress reduction program*) de Jon Kabat-Zinn (programme né dans les années 1970 aux États-Unis) où on apprend à ramener l'esprit dans le présent pour couper les ruminations de la dépression.

Cette thérapie avait un avantage majeur : elle avait été validée scientifiquement et pouvait donc s'introduire dans une pratique médicale sans risquer de déborder d'un cadre rigoureux.

J'ai ainsi, dès 2006, commencé à organiser des groupes avec mes patients. De nombreux groupes qui m'ont permis de voir à quel point s'asseoir sur un coussin et se focaliser sur le souffle, le corps, les sons permettait déjà de sortir d'un mode de fonctionnement automatique basé sur la réponse directe aux pensées confuses qui passent dans l'esprit agité.

Cette amorce m'a donné l'élan pour continuer à aider les personnes en souffrance à s'ouvrir à leur être au lieu de se couper d'elles-mêmes au nom des diktats mentaux : « Je dois être le meilleur » ; « Je suis un minable » ; « Si je ne réussis pas à être grandiose alors je serai seul ».

Cette thérapie définie selon un protocole précis donnait un cadre rassurant qui a permis à bon nombre de personnes réfractaires à ce qui venait d'Orient de faire un petit pas vers un certain apaisement.

Aujourd'hui, la médiatisation des effets bénéfiques de la méditation a permis d'informer largement et les demandes pour apprendre à méditer se multiplient. C'est une excellente nouvelle qui montre qu'il existe un désir fort de trouver des solutions pour travailler sur soi et changer son rapport au monde.

Mais souvent cette pratique ne suffisait pas. Les personnes qui venaient consulter avaient ensuite des difficultés à pratiquer seules la méditation chez elles. Elles avaient du mal à modifier leurs habitudes. Par ailleurs, bien que parvenant à être plus dans l'instant présent, l'esprit vagabondant moins dans les prédictions sur le futur ou les ruminations sur le passé, à mieux ressentir leurs sensations corporelles, leur souffrance intérieure était encore là. Il semblait que méditer lorsque l'on souffre vraiment n'est pas chose facile et qu'il faille travailler sur soi individuellement en profondeur.

C'est pourquoi j'ai continué mes explorations à la fois de manière théorique en me formant mais aussi en travaillant sur mon propre esprit.

Je me suis intéressée plus précisément aux thérapies cognitives et comportementales et ai découvert à quel point de nombreuses personnes ont travaillé sur les névroses et proposé des solutions concrètes et extrêmement efficaces pour cesser d'être irrationnel et autodestructeur.

Que ce soient les première, deuxième ou troisième vagues, ces thérapies ont toutes un intérêt majeur et leur modèle structuré a été évalué avec de bons résultats par le monde scientifique et médical. Ces modèles thérapeutiques montrent qu'il est non seulement possible de guérir et rapidement, ce qui va à l'encontre de l'idée qu'il faut voir un psy pendant quinze ans. Ce qui distingue notamment ces nouvelles approches est la notion de diagnostic comme préalable au traitement et la notion d'évaluation permanente des résultats, garantes de leur efficacité.

La troisième vague des thérapies cognitives et comportementales est récente, puisqu'elle date des années 1990 environ et se base sur les émotions. Elle postule que c'est le fait de lutter contre la souffrance qui génère la plupart des troubles névrotiques comme la dépression, l'anxiété et les troubles de la personnalité, et que c'est en acceptant d'accueillir sa tristesse, ses peurs, sans penser qu'il s'agit de problèmes à résoudre, que l'on souffre moins, paradoxalement. En soi, elle est révolutionnaire car elle considère que nous sommes tous égaux face à la fragilité, à la vulnérabilité et que c'est en étant libres et authentiques que nous pouvons aller mieux. La définition de cet « aller mieux » est tout à fait particulière : aller mieux, c'est être libre, être soi-même inconditionnellement, en accueillant toutes ses émotions.

Parmi ces outils thérapeutiques de la troisième vague, il y en a une qui a quelque chose de particulier : la thérapie ACT ou thérapie par l'acceptation et l'engagement qui, outre le travail d'acceptation des émotions et de diminution de la tendance à lutter contre ce qui est désagréable, axe une grande partie sur l'engagement dans des valeurs. On apprend aux sujets à agir concrètement pour des valeurs qui sont les leurs : famille, couple, loisirs, santé, etc.

Je découvrais donc que non seulement le psy amène ses patients à être plus posés, plus à l'écoute d'eux-mêmes, mais aussi il les conduit à agir dans une certaine direction.

Il me semblait alors évident que nous avions de plus en plus à endosser le rôle de guide.

Nous ne faisions pas que soulager. Nous aidions en réalité les sujets à savoir naviguer dans les eaux parfois troubles de la vie en définissant leur cap.

Ce n'est pas rien. Il s'agit là d'une vraie responsabilité. Elle pose la question d'un au-delà de la psychothérapie : améliorer l'être humain et son rapport au monde et aux autres.

Il m'apparut alors, lorsque j'accompagnais les patients dans ce chemin de l'autonomie et de la liberté, qu'ils se transformaient radicalement et éprouvaient le besoin d'en savoir plus, d'explorer ces nouvelles voies, de poser des questions essentielles sur leur place dans le monde, sur l'éthique de leur travail et aussi sur leur relation aux autres.

Cela fut un véritable choc. En effet, découvrir que des patients enfermés dans leur dépression, leurs conduites autodestructrices et leur immaturité apparente aspiraient en réalité à de hautes valeurs et étaient animés d'une profonde volonté d'aimer, de s'impliquer dans un travail... d'être dignes en somme et, par le biais de la psychothérapie, cherchaient une aide pour développer ces qualités. Mon idée qu'il y a d'un côté les malades et de l'autre ceux qui vont bien s'en trouvait bouleversée. Et si les personnes malades étaient celles qui aspiraient le plus à être de vrais humains ?

De mon côté, je continuais ma pratique de méditation et d'exploration des rapports humains.

Je me rendais compte en prenant de plus en plus de recul que ce n'étaient pas mes patients qui souffraient mais la société tout entière. Ce que je voyais dans mon cabinet existait dans la rue, chez le coiffeur, chez mes amis : innombrables sont ceux qui parmi nous souffrent de ce monde matérialiste où tous les repères sociaux et affectifs ont disparu.

Oui, les rapports humains sont empreints d'agressivité et les gens vraiment malheureux.

Oui, les familles sont éclatées et les couples se déchirent.

Les aspirations de mes patients me montraient qu'il y avait une vraie volonté de changement. Mais comment faire ?

De mon côté, mon évolution personnelle me montrait qu'il était possible en travaillant uniquement sur son esprit de se changer mais aussi de changer le monde autour de soi.

En acceptant d'être plus ouverte, plus authentique, en acceptant de me montrer vulnérable, sans plus craindre l'échec, le rejet, en ne vivant qu'en fonction de ce qui se présentait à moi sans m'accrocher trop ni vouloir que les choses soient autrement, je voyais mes rapports aux autres se transformer. Les gens s'ouvraient eux aussi, et je donnais plus de choses.

Il me semblait alors que nous pouvons à l'échelle individuelle repenser un peu notre monde.

Nous pouvons par un travail persévérant devenir meilleurs, plus éthiques, plus adultes et avoir un poids ou un impact sur notre environnement.

Nous pouvons être évidemment plus heureux et plus sereins, puisque fiers de nous-mêmes. Ce qui rend malheureux c'est de ne pas être en accord avec ses valeurs fondamentales, cela aussi je l'ai découvert. Quelqu'un qui frappe un autre être, quelqu'un qui délaisse ses amis, quelqu'un qui n'aime plus son travail est malheureux surtout parce qu'il n'est pas juste avec son éthique personnelle.

Ainsi, par un travail sur son propre esprit, on peut reprendre un peu de contrôle sur sa vie et tracer un chemin plus juste. Car notre esprit nous détourne de nos valeurs fondamentales. Mais il faut pour cela abandonner notre quête du plaisir au profit d'une liberté individuelle chaque jour travaillée et réinventée.

Par ce changement personnel, que nous pouvons opérer graduellement en différentes étapes, notre place devient plus évidente. Il s'agit donc fondamentalement par ce travail sur soi d'accéder à sa liberté. Ce thème de la liberté qui m'a paru crucial lorsque l'on pratique une psychothérapie ne me semble pas assez pensé aujourd'hui ou en tout cas source de grandes peurs chez beaucoup. Pourtant c'est la seule promesse d'un travail sur soi.

Ce chemin-là, je me propose de le tracer avec vous, avec ce que j'ai appris de mes recherches, de mes patients, afin qu'il puisse redonner à chacun un peu l'espoir de s'améliorer.

Cette démarche n'est pas un vœu utopiste, c'est un parcours possible qui se base sur une démarche scientifique éprouvée. À l'heure où beaucoup de choses dans notre monde sont à repenser, il serait dommage de se laisser engluer dans le cynisme. À quoi cela nous mènerait-il si ce n'est à plus de souffrance car, au fond de nous, nous aspirons à être plus libres, plus intelligents et plus sages.

CHAPITRE 1

Qu'est-ce qui fait qu'on souffre ?

La névrose : quand notre esprit ne tourne pas rond et amplifie ou crée les problèmes

Il me semble important de commencer par ce qui ressort de toutes les formations, lectures et expériences cliniques comme une donnée essentielle sur la souffrance psychique : ce sont nos pensées qui nous font souffrir.

Cette donnée-là est essentielle, cruciale. Elle est un préalable à toute démarche pour tenter d'aller mieux : reconnaître que c'est ce que je me raconte dans ma tête qui crée ma souffrance, en tout cas une grande partie.

Albert Ellis, un des fondateurs de la thérapie cognitive avait élaboré la thérapie émotivo-rationnelle dans les années 1950. Il déclarait de manière très radicale (ce qui d'ailleurs choquait de nombreuses personnes) qu'en dehors de la souffrance physique, rien ne peut nous faire souffrir à partir du moment où on est totalement rationnel.

Ainsi, si l'on accepte que la mort est inévitable, il est absurde de souffrir de la mort d'un être cher.

La démarche d'Albert Ellis doit être comprise non pas comme la négation des émotions douloureuses, mais comme la possibilité, lorsque l'on ressent une tristesse adaptée de ne pas en rajouter par des pensées autodestructrices inutiles comme : « C'est affreux », « C'est horrible ». Ainsi, il pose l'idée que « les névrosés sont des êtres intelligents qui raisonnent stupidement ». Par stupidité, il entend de manière autodestructrice.

La vie nous offre de nombreuses sources de souffrance, mais nous pouvons décider de ne pas en ajouter. C'est la base de la démarche des thérapies cognitives et comportementales : déceler les nœuds de pensées irrationnelles qui nous gâchent l'existence. Par exemple, une jeune femme anorexique a comme pensée : « Si je suis ronde, personne ne va m'aimer », cette croyance irrationnelle (car des personnes rondes connaissent l'amour) la conduit littéralement à se pourrir la vie tous les jours en se privant de nourriture, en calculant les calories, en refusant des sorties au restaurant avec des amis et au final lui interdit surtout de trouver l'amour !

La démarche bouddhiste, née de l'expérience de Bouddha il y a plus de deux mille ans, avait pour objet d'agir sur l'esprit humain. Elle posait déjà l'idée que la souffrance inhérente à l'espèce humaine reposait sur les pensées et qu'il était possible de moins souffrir à partir du moment où les pensées automatiques produisaient un impact moindre sur nos actes. Comment définit-on alors une pensée autodestructrice ? Comment peut-on la distinguer ? La pensée automatique surgit dans l'esprit en dehors de toute volonté. Il ne s'agit pas du fait de penser volontairement à une question particulière, ce qui correspond à une *réflexion*, puisque dans ce cas nous restons lucides, nous pesons le pour et le contre et nous pouvons critiquer la véracité de nos pensées.

Les pensées autodestructrices sont spontanées et sont à l'origine de cette impression de ne pas pouvoir faire autrement que ce qu'elles racontent, de subir ce qui nous arrive. Nous n'arrivons pas à critiquer ces pensées, elles sont comme des vérités absolues.

Résumons donc.

Lorsque j'ai l'impression de subir ma vie, lorsque je fais des choses que je regrette ensuite, lorsque je ressens une grande souffrance morale, c'est que je réponds à des pensées automatiques irrationnelles. *Ce n'est pas le monde extérieur qui me fait souffrir*. Or, très souvent, les personnes qui vont mal sont persuadées que la cause de leur souffrance vient de leur environnement, de leur entourage, des gens autour d'elles.

Lorsqu'on aborde cette notion de pensées automatiques avec les patients, ils répondent souvent ceci : « Mais je souffre parce que mon travail est stressant », « Parce que mon mari est agressif », « Parce que je gagne peu d'argent », « Parce que mes parents ne m'aiment pas ».

Dans tous ces cas, il est tout à fait possible de démontrer qu'il n'y a aucune raison de souffrir dans le sens névrotique, c'est-à-dire psychologiquement. On peut être contrarié, attristé, ce sont là des émotions adaptées, mais se dire : « C'est horrible », « Personne ne me comprend », « Ils sont tous méchants », ne mène à rien d'autre qu'à accroître le sentiment de désespoir et à empêcher d'agir efficacement pour sortir d'une situation compliquée ou douloureuse. Les émotions ne sont pas la souffrance psychique. En tout cas, il existe une interaction constante entre émotion et pensée et les pensées ont le pouvoir de générer des émotions douloureuses ou d'amplifier des émotions déjà présentes. Plus je suis lucide et rationnelle, moins j'augmente la douleur psychique. Plus je me « fais des films » faux dans mon esprit et déconnectés du réel, plus je génère chez moi de la peur, du stress, de l'anxiété. Il y a donc un moyen de se sentir mieux en agissant simplement sur son esprit et non sur son environnement. C'est la base de la démarche cognitive mais aussi bouddhiste ou spirituelle dans certaines traditions visant à développer la sagesse des individus.

Bien évidemment, des personnes qui ont subi des traumatismes infantiles ou de la violence psychologique ont des souffrances inscrites dans leur mémoire et qui ont été réelles. Mais, malgré tout, on peut, en travaillant sur les cognitions, les pensées, contribuer à diminuer les conséquences du traumatisme. Quelqu'un qui fait deux heures de transports par jour pour aller travailler peut connaître un vrai épuisement psychologique justifié. Mais nous montrerons qu'une grande partie de la souffrance est liée à des pensées irrationnelles, malgré tout, et qu'on peut apprendre à vivre les mêmes expériences avec plus de sérénité si on pense autrement.

Nous reviendrons sur ces notions, mais d'abord il me semble, à ce stade de notre réflexion, important de redéfinir ce qu'est la souffrance névrotique.

La souffrance névrotique est une souffrance de nature illusoire, c'est pour cette raison que l'on n'a aucun contrôle sur elle. Prenons un exemple : si on se cogne le pied contre la table, il s'agit bien d'une souffrance réelle, qui peut disparaître surtout si l'on applique une pommade.

La souffrance névrotique a ceci de tout à fait particulier qu'elle est sans rapport à la réalité. Elle est générée à partir de pensées automatiques autour de l'anticipation de l'avenir, la résolution de problèmes virtuels, la généralisation, les bilans sur sa vie, c'est pour cette raison qu'elle est si difficile à éliminer car elle ne repose sur rien de tangible. La névrose est la tendance qui consiste à ne pas confronter ses pensées à la réalité, prendre des vessies pour des lanternes en quelque sorte. Cette souffrance résulte la plupart du temps de conflits psychiques intérieurs insolubles, à l'origine de ruminations sans fin.

Vous vous cognez le pied à une table, la souffrance est réelle et dès lors qu'elle est réelle, elle se soigne et elle disparaît. D'ailleurs, il est surprenant de remarquer que lorsque les personnes névrosées connaissent des souffrances réelles ou alors sont confrontées à la réalité, comme, par exemple, lorsqu'elles doivent se rendre chez le garagiste pour faire réparer leur voiture, leur souffrance psychique s'atténue pour un temps.

Par extension, nous pourrions donc dire que le nombre croissant de souffrances dans les sociétés industrialisées va de pair avec l'amoindrissement des souffrances réelles.

Les plaintes les plus communes

La question du lien entre pathologie individuelle et société a déjà été posée, notamment par Freud, dans *Malaise dans la civilisation,* mais aussi par Alain Ehrenberg qui décrit la dépression comme la contrepartie d'une société où tout devient possible.

Les personnes qui consultent présentent de nombreux symptômes qui diffèrent par leur expression, leur intensité. On peut poser un diagnostic selon des critères psychiatriques précis : anxiété généralisée, dépression, phobie sociale. Mais, pour ces sujets, leur plainte est en rapport avec leur lien aux autres, avec leur travail, avec leurs problèmes d'argent. On ne peut nier d'une part l'influence qu'une société peut avoir sur la souffrance des individus : et pour argument avançons l'augmentation de la dépression, du suicide ou de l'anorexie dans les sociétés occidentales, et d'autre part la difficulté pour les gens fragiles de s'insérer dans un certain type de fonctionnement social, exigeant, basé sur l'autonomie et l'individualisme.

Que les personnes soient malades et aient du mal à s'adapter au monde dans lequel elles vivent ou bien que ce soit la société qui les rend malades, dans ces deux cas de figure, on ne peut faire l'économie d'une réflexion sur les liens entre expression des symptômes et organisation sociétale.

Par ailleurs, les névroses actuelles, comme je le suggérais, finissent par colorer le fonctionnement de la société. L'anorexie mentale n'est plus un phénomène isolé, une maladie, mais un mode d'être. Le narcissisme, l'individualisme et le repli social ne sont plus des symptômes anormaux mais communs. La quête affective, signe d'une bonne santé humaine, devient un poids et la source de nombreuses douleurs pour beaucoup qui vivent la solitude des grandes villes.

C'est pourquoi je trouvais intéressant de croiser ce qui se rencontre à l'échelle de la société à la définition de la névrose en tant que pathologie individuelle. En réalité, il y a une intrication très subtile entre le monde extérieur et la construction des représentations mentales des individus. Dans la névrose, on pourrait dire que les sujets « absorbent » des informations de l'extérieur. On voit ainsi des plaintes communes chez des sujets différents, ce que l'on pourrait appeler les « clichés ». J'ai donc sélectionné les névroses sociétales qui sont celles que l'on retrouve le plus chez les individus mais illustrées par des histoires individuelles.

Regardons quelles sont les plaintes des personnes qui consultent afin de déceler la dimension névrotique, c'est-à-dire sans rapport avec une perception rationnelle de la réalité.

À partir de ces plaintes, nous pouvons esquisser une certaine compréhension de la névrose, et saisir comment nos pensées irrationnelles et la déconnexion avec le réel nous font souffrir.

UNE SOCIÉTÉ DIFFICILE SUBIE

De nombreuses études attestent que les troubles comme la dépression, l'anxiété, les phobies, les troubles du comportement alimentaire augmentent dans les sociétés occidentales (un Français sur cinq connaîtra une dépression dans sa vie selon le rapport de 2005 de l'INPES[1]) et ceci de plus en plus, même si l'on sait encore mal l'expliquer. Est-ce parce que l'accès aux soins est favorisé, est-ce que les personnes mieux informées vont plus facilement consulter ? Ou bien est-ce vraiment la société qui est cause de toutes nos souffrances psychiques et « fabrique » les névroses ? En tout cas, il semble évident que, lorsqu'on écoute les personnes qui consultent, le mode de fonctionnement de la société est souvent au centre des plaintes. L'organisation de la vie sociale semble fragiliser les individus et ne répond pas aux besoins de solidarité et de sécurité exprimés par beaucoup.

Par ailleurs, les difficultés à s'adapter aux règles qui changent en permanence et à la dureté des rapports humains sont au cœur du sentiment d'impuissance qui conduit à se replier sur des solutions « bricolées » pour tenir le coup : addictions diverses, nourriture, tabac, jeux, etc.

Les consultations sont remplies de personnes qui ont le sentiment de ne rien maîtriser de leur vie, de ne pas être à la hauteur, d'être frustrées d'un manque de reconnaissance de leur valeur.

Le nombre de personnes qui se plaignent de l'organisation de leur entreprise, de l'impossibilité de trouver un poste qui leur plaise vraiment, dans lequel elles puissent s'épanouir est impressionnant.

1. INPES (Institut national de prévention et d'éducation de la santé) : enquête ANADEP, 2005.

Le poids de l'image enferme les gens dans une lutte épuisante pour donner une représentation d'eux-mêmes toujours parfaite, comme l'exige l'environnement social ou comme on imagine qu'il l'exige.

Les femmes anorexiques expliquent leur trouble par l'impossibilité d'être aimées ou même de s'intégrer professionnellement sans une apparence parfaite. D'une certaine manière, elles n'ont pas tort : dès le lycée, la pression de la perfection physique est là. Les rondeurs de la puberté, signe de la féminité douce et accueillante, sont stigmatisées comme un signe d'imperfection. Les mères elles-mêmes prédisent parfois un avenir sentimental sombre à leurs filles si elles ne sont pas « au top ». Et que dire des magazines féminins ? Ils parlent rarement de la douceur des femmes, de l'amour qu'elles véhiculent, ou même de ce qu'elles sont en tant qu'être humain. Ils impriment une image de marchandise au corps féminin, dont la valeur se jauge en regard des kilos. Moins il y a de kilos, plus la femme a de valeur. Le corps doit être donc modulé pour répondre à des critères et les limites de la minceur, de la restriction, de la beauté ne sont absolument pas définies, ce qui laisse ces jeunes femmes sans repères, les poussant parfois trop loin dans la contrainte. Comme si on pouvait prendre une avance sur la perfection, en avoir en réserve pour être tranquille et ne risquer aucun abandon, aucune moquerie...

Sophie, âgée de 25 ans vient consulter parce qu'elle est obsédée par son poids. Elle pèse 50 kilos pour 1,70 mètre. Elle se pèse tous les jours et contrôle son alimentation pour ne surtout pas dépasser ses 50 kilos. Elle calcule toutes les calories, fait du sport trois fois par semaine dans une salle de gym pendant une heure pour rendre ses formes parfaites, c'est-à-dire pour qu'aucun bourrelet n'apparaisse. Elle adore quand ses amis lui disent qu'elle a un corps comme dans les magazines. L'idée d'avoir un corps moins sculpté l'effraie au plus haut point, cela serait le signe qu'elle se laisse aller, qu'elle devient banale et ordinaire avec le risque qu'elle ne soit plus remarquée. Ce n'est pas qu'elle se trouve jolie, au contraire, elle se déteste et aimerait perdre encore du poids, mais sans son travail de contrôle ce serait pire, pense-t-elle. Le rejet des autres, l'indifférence seraient les pires choses car alors elle se sentirait encore plus seule.

Il lui semble évident qu'elle ne peut intéresser quelqu'un que dans la mesure où elle offre un corps particulier. Elle ne conçoit pas l'idée qu'on pourrait s'intéresser à elle pour autre chose que son apparence. Elle se sent si vide et sans personnalité. On voit bien la spirale infernale et autodestructrice dans laquelle Sophie est prise, mais dont elle n'a pas conscience : plus sa vie tourne autour de son corps, moins elle entre en relation véritablement avec les autres.

L'histoire de Sophie est une histoire malheureusement assez classique et de plus en plus courante. L'anorexie mentale augmente dans les sociétés modernes où le corps est mis en avant comme une valeur en soi, matérialisable, modulable à souhait, sur qui l'on mise tout pour rapporter argent, estime de soi, amour, etc.

Des personnes consultent aussi souvent parce qu'elles ne savent plus faire face à la pression du travail : les relations professionnelles sont empreintes de violence où chacun tente de défendre son territoire. Les guerres sont intestines, elles ne sont pas énoncées ou déclarées mais elles sont bien réelles.

Il semble impossible pour beaucoup d'entre nous de se poser la question des besoins vitaux essentiels. Ils doivent subir les *open spaces*, les collègues avec lesquels ils n'ont pas d'affinité, le patron méprisant, être performants et faire du chiffre. S'ils appartiennent aux professions d'aide à la personne, par exemple enseignants, assistants sociaux, médecins, ils témoignent d'un burn-out, d'un épuisement certain, et ne peuvent plus faire correctement leur travail. Ils viennent donc consulter pour tenter de s'adapter, car perdre son emploi, c'est risquer la chute sociale, se trouver sans logement, craindre de devenir SDF...

Ce modèle de société occidentale offre donc de moins en moins de sécurité alors qu'elle en promet plus que dans beaucoup d'autres parties du monde. Ce paradoxe, nous pouvons peut-être le comprendre avec l'analyse de Tocqueville qui explique comment l'aspiration à l'égalité et à vouloir se reposer sur l'État pour son bien-être conduit à la perte des libertés individuelles. Alexis de Tocqueville était un penseur politique, historien et écrivain français né en 1805, auteur de l'ouvrage *De la démocratie en Amérique*[1] qui analyse le modèle démocratique américain pour en observer les possibilités et les limites d'évolution.

Pour Tocqueville, si la démocratie entrouvre la possibilité de la liberté, en réalité, la volonté des

1. Alexis de Tocqueville, *De la démocratie en Amérique,* Paris, Garnier-Flammarion, 1999.

peuples à établir l'égalité entre chacun les conduit à rechercher le bien-être et donc par là même à ne plus penser en termes de liberté individuelle. Ils aspirent à l'égalité tout en aspirant au bien-être pour tous et en même temps, paradoxalement, à se distinguer de chacun.

« Il y a en effet une passion mâle et légitime pour l'égalité qui excite les hommes à vouloir être tous forts et estimés. Cette passion tend à élever les petits au rang des grands ; mais il se rencontre aussi dans le cœur humain un goût dépravé pour l'égalité, qui porte les faibles à vouloir attirer les forts à leur niveau, et qui réduit les hommes à préférer l'égalité dans la servitude à l'inégalité dans la liberté », écrit Tocqueville.

Ainsi, les individus sont en proie à un conflit intérieur de taille : attendre la sécurité d'un système et donc être fragilisés de ne pas la trouver surtout en ces temps de crise financière, ou alors aspirer à la liberté individuelle, à se distinguer, à exister par soi-même ce qui présente le risque de se trouver au chômage si on manque de talent ou de débrouillardise.

Ainsi, l'évolution du monde moderne, garant d'un modèle démocratique, peut susciter elle-même des souffrances produites par la perte de la sensation de liberté de ses citoyens, ou l'impossibilité d'y aspirer.

L'impression de subir sa vie est au cœur des plaintes contemporaines : « On m'oblige à travailler, on ne m'écoute pas... » Ce n'est donc peut-être pas tout à fait la société qui fait souffrir mais plus précisément l'impression forte d'en subir les lois sans en pouvoir rien changer qui rend de plus en plus vulnérable. Les conditions sont certes difficiles, mais si l'on n'est pas assez libre alors on subit ses lois encore plus douloureusement parce qu'on attend trop de ce système.

« JE N'AI PAS LE CHOIX »

Cette impression de subir dépasse le cadre de la vie professionnelle et s'étend à la vie intime, affective. « Je n'ai pas le choix » est une idée profondément ancrée dans l'esprit et les comportements des personnes qui souffrent.

> Mme V. est mère de trois enfants et mariée à un homme tyrannique. Elle ne travaille pas car elle a décidé d'élever ses enfants. Elle est en grande dépression et, pour elle, c'est de la faute de son mari qui n'est pas aimant. Toutefois, elle ne peut envisager de le quitter, car elle se sent incapable d'affronter le monde professionnel, de gagner sa vie et par-dessus tout elle a très peur de se confronter à la solitude.

La situation de Mme V. est douloureuse et nous avons de la compassion pour elle. Toutefois, même dans une situation aussi tragique, il est important de saisir que cette femme, parce qu'elle a l'impression de devoir subir sa vie, ne trouve pas de solution et s'enfonce dans la dépression, ce qui ajoute du négatif au négatif. En réalité, elle a choisi d'élever ses enfants, elle préfère rester avec son mari pour l'instant plutôt que d'affronter l'insécurité financière et la solitude. Elle a donc une part de liberté dans son choix qu'elle ne perçoit pas. En percevant ce tout petit espace de choix, elle pourrait trouver une voie pour sortir de la dépression et peut-être trouver l'énergie de demander aux services sociaux ou à des proches de l'aider, de trouver un travail qui la valoriserait ou alors de décider de rester dans sa situation qui présente certains avantages. En s'enfermant dans l'idée qu'elle subit, elle ferme la porte à toute lucidité et s'enfonce dans la névrose.

On pourrait dire que tout névrosé, tout dépressif a le sentiment de subir sa vie, il en a perdu le contrôle. D'ailleurs, l'impression qu'il existe un lieu de contrôle externe dont dépend votre vie est corrélée au stress.

Une étude intéressante va dans ce sens : le stress est corrélé au risque d'infarctus du myocarde. L'étude Interheart réalisée sur 52 pays incluant 15 152 cas et s'intéressant aux facteurs de risque d'infarctus montre que 32 % des infarctus du myocarde étaient corrélés aux facteurs psychosociaux (dont les événements de vie difficiles ou la dépression) et l'impression d'être celui qui décide de sa vie était un facteur protecteur.

Ainsi, plus on a l'impression de subir sa vie, plus on est malheureux et stressé, ce qui n'est pas sans conséquences sur sa santé.

Alain Ehrenberg, sociologue, auteur de *La Fatigue d'être soi*[1] explique que *l'impression de subir sa vie pourrait être en rapport avec paradoxalement l'envie de ne pas subir son destin.*

« Nous vivons avec cette croyance et cette vérité que chacun devrait avoir la possibilité de créer par lui-même sa propre histoire au lieu de subir sa vie comme un destin. » « Au lieu de la discipline et l'obéissance,

1. Alain Ehrenberg, *La Fatigue d'être soi,* Paris, Odile Jacob, 1998.

l'indépendance à l'égard des contraintes sociales et l'étayage sur soi ; au lieu de la finitude et du destin auquel il faut s'adapter, l'idée que tout est possible ; au lieu de la vieille culpabilité bourgeoise et de la lutte pour s'affranchir de la loi des pères (Œdipe), la peur de ne pas être à la hauteur, le vide et l'impuissance qui en résultent (Narcisse). »

On pourrait avancer l'idée que plus on attend de la société qu'elle nous donne la liberté, plus elle nous frustre.

Pour Alain Ehrenberg, la question de la liberté et celle de la dépression sont intimement liées.

Citant Henri Ey, psychiatre et psychanalyste français, véritable penseur de la maladie mentale en France qui déclarait que « la folie est devenue une maladie avec l'avènement du sujet comme centre d'une indétermination ayant son organisation propre. À cet égard, la notion de maladie mentale est un corollaire de l'idée d'individu ». Alain Ehrenberg ajoute : « L'essentiel était dit : la folie est la maladie d'une liberté qui ne trouve plus son sens et sa justification dans une extériorité divine. »

Ce lien entre liberté et dépression, Freud l'avait déjà établi, il écrivait dans *Malaise dans la civilisation*[1] : « L'homme devient névrosé parce qu'il ne peut supporter le degré de renoncement exigé par la société. »

Ainsi, plus la société nous donne l'impression que tout est possible et que notre liberté est sans bornes, plus nous déprimons de ne pas arriver à en profiter.

1. Sigmund Freud, *Malaise dans la civilisation,* Paris, Payot, 2010.

« La dépression et l'addiction sont les noms donnés à l'immaîtrisable quand il ne s'agit plus de conquérir sa liberté, mais de devenir soi et de prendre l'initiative d'agir. Elles nous rappellent que l'inconnu est constitutif de la personne, aujourd'hui comme hier. Il peut se modifier, mais guère disparaître – c'est pourquoi on ne quitte jamais l'humain. Telle est la leçon de la dépression. [...] La dépression est le garde-fou de l'homme sans guide, et pas seulement sa misère, elle est la contrepartie du déploiement de son énergie. »

En consultation, nous voyons souvent des personnes frustrées de ne pas être assez libres, de se heurter à la réalité qui les contraint. Mais, à l'inverse, elles ne s'accordent aucune liberté dans les faits. C'est un paradoxe très intéressant. Les personnes aspirent à une liberté qu'elles n'ont pas, mais au quotidien, elles n'arrivent pas à jouir de l'espace qu'elles ont au nom de diktats mentaux, comme : « Je ne peux décevoir mes parents », « Je ne peux être moche ».

Stéphanie a 38 ans. Elle a un petit ami et travaille dans le marketing. Elle est très perfectionniste et très anxieuse. Elle fait des crises de boulimie et boit de l'alcool le soir pour « décompresser ». Elle se surmène au travail pour être appréciée. Pour elle, si elle n'est pas la meilleure, elle va être licenciée. Elle veut garder la ligne et est au régime. Quand elle rentre, elle ne supporte pas le vide et se « détend » avec la nourriture ou l'alcool. Elle se trouve toujours « nulle ». Quand elle sort avec des amis, elle est gentille, souriante, n'exprime jamais son désaccord. Elle s'habille très à la mode. Elle est très déprimée mais ne peut s'arrêter d'être active et sur tous les fronts. Elle crie souvent sur son petit ami car elle le trouve trop paresseux. Son exigence la fait souffrir mais elle ne peut renoncer à sa quête de perfection.

Quand on lui demande pourquoi elle se surmène, c'est pour avoir un meilleur poste plus tard, dit-elle, pour ne pas décevoir son patron. Pourquoi veut-elle être physiquement parfaite : pour plaire au plus grand nombre de personnes, pour ne pas être rejetée. Pourquoi elle crie sur son petit ami : parce qu'elle a l'impression de le subir. Elle aspire à tous les plaisirs : argent, réussite, amour, beauté, séduction, confort matériel. Mais est-elle vraiment libre ?

Elle ne choisit pas son emploi, ne parle pas avec son cœur, n'exprime pas de besoin de réconfort à son ami, sa détresse, sa vulnérabilité. Elle s'habille comme la mode l'exige et non selon ses choix.

Il apparaît donc nécessaire, fondamental, de travailler sur la notion de liberté, ce que l'on peut entreprendre par soi-même, ce que l'on peut faire et comment agir pour réaliser ses aspirations.

Croire que l'on n'est pas libre est névrotique, car cette croyance n'est fondée sur aucune réalité. Chaque individu est libre de tout, surtout dans une société démocratique. Mais nos constructions mentales qui nous paraissent très vraies et immuables nous empêchent d'accéder à cette vérité. En fait, on n'est pas « obligé » de travailler, on peut vivre dans un bidonville en Indonésie. Mais comme on veut un logement, une télévision, du confort, et vivre près de ses proches, alors on choisit les contraintes d'un standard téléphonique comme emploi. Cela change tout de voir les choses sous cet angle, de se dire : « Je choisis de prendre les transports en commun car je veux vivre en banlieue » ou « Je travaille à Paris loin de mon domicile car même si je gagne peu d'argent, cela me semble préférable que de ne pas travailler du tout ». On devient ainsi l'acteur principal de sa vie et on a ainsi une vision plus panoramique de la réalité.

Ainsi, si la société offre des conditions de vie difficiles pour beaucoup, on voit tout de même des gens qui gagnent leur vie, qui ont un confort matériel se plaindre dès la moindre frustration et avoir l'impression de tout subir. Ces personnes peuvent aller mieux à partir du moment où elles acceptent de voir les choses sous un autre angle.

LES RELATIONS AUX AUTRES DOULOUREUSES

Un autre élément flagrant dans les plaintes de patients est la difficulté du rapport à l'autre. Cet autre est la source de nombreuses souffrances, et en même temps on désespère d'être aimé ; l'idée même d'être seul terrifie. L'autre est donc désiré mais n'est que rarement capable de nous nourrir d'un amour qui nous apaiserait.

On sait qu'un degré de sociotropie, c'est-à-dire un besoin d'être en relation aux autres, élevé conduit à plus de dépression dans les sociétés occidentales[1] : plus j'ai tendance à avoir besoin d'être en relation, plus la société va me renvoyer à ma fragilité.

---

1. Jean Cottraux, *Psychothérapies cognitives des troubles de la personnalité*, Paris, Masson, 2006.

Pour autant, il ne s'agit pas de nier que nous sommes des êtres de relation, nous avons besoin d'être aimés. Boris Cyrulnik a largement exposé notre besoin de nourritures affectives[1].

Il est vrai que nous sommes dans un monde qui favorise l'initiative individuelle et l'indépendance. Il semble alors difficile de concilier ces deux aspirations presque antinomiques : son besoin de relation et son autonomie. C'est pourtant cet équilibre-là entre ces deux besoins qu'il faut trouver pour pouvoir sortir de l'impasse.

Les personnes souffrent très fréquemment de ces deux sentiments : d'un côté, elles se sentent isolées et, de l'autre, elles ont l'impression de subir le mépris ou le harcèlement de l'autre, qu'il soit le patron, l'interlocuteur administratif, le conjoint...

L'autre est toujours au centre des plaintes et est désigné comme en étant la cause. Des jeunes femmes anorexiques expliquent leur quête de maigreur par une recherche d'approbation ou en partie pour éviter les moqueries lorsqu'elles sont trop rondes. Il se peut qu'au cours de leur jeunesse on leur ait fait des remarques déplacées sur leur physique, qu'elles avaient « des fesses de grosse vache, ou des joues de gros poupon ». Elles mettent donc une énergie phénoménale à ne pas avoir à revivre cette situation d'humiliation et à satisfaire le regard de l'autre. Les personnes obèses souffrent évidemment beaucoup des remarques sur leur apparence, des moqueries.

Les personnes déprimées se sentent coupables et le cœur des ruminations dépressives est la dévalorisation

1. Boris Cyrulnik, *Les Nourritures affectives,* Paris, Odile Jacob, 1993.

de soi, avec l'impression de ne pas être la personne qu'il faudrait être ou de n'avoir pas fait les choses qu'il aurait fallu faire. Ce qui frappe est cette violence envers soi-même : « Je suis nul », « Je ne vaux rien ». Lorsqu'on interroge ces personnes sur la raison de ce sentiment d'échec, ce qui ressort de leurs réponses porte toujours sur le rapport à un modèle de vie idéal comparé à celui des autres : « Je suis célibataire alors que mes amis sont mariés », « J'ai échoué dans mon métier, je n'ai qu'un poste moyen, mon mari m'a trompée, c'est parce que je suis sans intérêt », « Je n'ai pas d'enfants alors que ma mère en a eu cinq »...

Le rapport à l'autre est omniprésent dans la dépression, que ce soit dans le sentiment de n'avoir pas été à la hauteur des attentes des autres ou dans le fait de se sentir le dernier des derniers. L'éclatement des cellules familiales et l'absence de valeurs spirituelles poussent les individus à tenter de définir qui ils sont par rapport à d'autres et, devant l'immensité de la tâche, le désespoir les guette.

On a de plus en plus l'idée qu'« il faut » construire son destin. Que c'est une immense erreur individuelle de n'avoir pas une vie bien structurée dans laquelle on donne un sens à ses méandres émotionnels. C'est un peu comme si notre vie était un rapport à remettre à une autorité. Et qu'il y avait les bons et les mauvais élèves.

Pouvons-nous nous passer d'une instance supérieure évaluatrice malgré nos efforts pour nous détacher du religieux ? Encore une fois, la question de la liberté individuelle se pose. Nous déprimons de ne pas être ce qu'on devrait être pour les autres, pour l'autre. Mais est-il possible de se séparer de cette idée qu'on a des comptes à rendre et que notre vie nous appartient totalement et que nous en sommes les acteurs principaux ? Nous y reviendrons bien sûr...

Nous voyons poindre aussi un paradoxe : nous avons besoin des autres pour être nourris d'amour, mais l'autre nous apparaît vite comme l'évaluateur de nos propres failles. Le jugement remplace les parents, le religieux, le surmoi. Il y a comme un déplacement du conflit intérieur névrotique vers le monde autour de soi. Ce n'est plus moi-même qui me fais souffrir, qui m'autocritique, mais j'ai le sentiment que c'est la société tout entière qui me censure. Cette attitude peut expliquer une certaine animosité et la difficulté croissante des rapports humains où chacun projette ses frustrations sur « les autres », les collègues, le patron, les passants. Ne s'autorisant pas à être libre, l'individu s'invente des instances critiques, ce qui ne favorise pas les relations authentiques. Nous le constatons en psychothérapie.

Les patients considèrent souvent d'emblée le psy soit comme une autorité qu'il faut respecter, soit comme une autorité qui va abuser de son pouvoir. En psychanalyse, on appelait cela le transfert. Mais ce qu'il y a de particulier aujourd'hui, c'est que la projection sur l'autre est telle, qu'il y a parfois peu d'accès à l'espace intime de celui qui consulte. Le patient est tellement convaincu qu'il n'a aucune liberté qu'il ne se penche jamais sur ses propres désirs, sur ses ressentis personnels.

Nous vivons dans une société d'individus de plus en plus coupés de leurs affects car nous sommes tellement dans le « vouloir », dans l'aspiration au bien-être et à l'égalité dans tous les plaisirs possibles, que nous en oublions totalement de nous poser comme les acteurs principaux de notre vie. Or c'est un préalable indispensable à une vie relationnelle choisie et non subie. Et comme nous l'avons évoqué plus haut, nous observons des êtres qui ne savent plus interagir dans la relation de manière à se nourrir de l'amour dont tout être a besoin.

En résumé, nous aspirons à être aimés, mais nous sommes tellement devenus méfiants et en prise avec notre narcissisme que nous ne percevons plus l'autre comme potentiellement aimant et nous nous fermons à la possibilité d'une relation réelle et authentique.

Cette dimension névrotique du rapport à l'autre a des conséquences sur les individus comme sur la société tout entière. Elle trouve son origine dans la difficulté à pouvoir être humain, se montrer vulnérable et à parler avec son cœur, ses émotions.

Aujourd'hui, de plus en plus de coachs interviennent en entreprise et ont recours aux techniques de développement personnel pour apprendre aux individus à accepter leurs émotions. Le livre de Daniel Goleman, *L'Intelligence émotionnelle*[1], a été un gros succès. Il y traite de l'importance d'écouter ses ressentis, et de composer dans sa vie relationnelle et professionnelle avec ses fragilités, ses émotions pour développer plus d'empathie et d'intelligence dans la prise de décision. Et Isabelle Filliozat, en France, est un porte-parole du combat pour la nécessité d'entrer en relation avec sa part humaine. Il y a donc une prise de conscience de cette

1. Daniel Goleman *L'Intelligence émotionnelle,* Paris, J'ai lu, 2003.

nécessité mais qui reste encore limitée et, au quotidien, peu de personnes parlent vraiment avec leur cœur.

Dans ce registre, nous pouvons décliner la description des troubles psychiques comme des pathologies de la relation à l'autre.

Les phobiques sociaux se morfondent de ne pas savoir quoi dire à l'autre : il n'y a pas plus attentive à ce que les autres pensent d'elle qu'une personne timide. La personne timide ne peut accepter l'humain qui ne s'expose que comme être parfait, sûr de lui, affirmé. Pour elle, on ne doit s'exprimer que dans les situations où l'on a des choses intéressantes à dire. Elle craint en permanence le couperet de la critique, la sentence finale qui montrerait à tous qu'elle ne vaut rien, comme si des individus valaient plus que d'autres.

La valeur des individus est aussi souvent le noyau des cognitions ou des croyances des êtres qui souffrent : beaucoup d'entre nous vivent avec l'idée que certains individus valent plus que d'autres. Dans « Je suis nul » ou « Je ne vaux rien », il y a l'idée que certains valent plus que moi. Si certains valent plus que moi, alors cela veut dire que si j'étais comme eux je pourrais considérer qu'il y a des êtres inférieurs à moi. Le narcissisme guette toujours quand on se trouve nul : en réalité n'aspire-t-on pas à être le meilleur et peut-être à écraser d'autres êtres humains de sa superbe ?... Christophe André a beaucoup écrit sur l'estime de soi et montré combien s'accepter avec ses imperfections permettait d'entrer dans un vrai rapport aux autres et être heureux.

On devrait en finir avec cette tendance à évaluer les valeurs humaines, surtout quand on en voit les dérives extrémistes, racistes et fascistes, mais il est difficile de se départir de cette attitude qui consiste à juger car, au niveau cognitif, cette façon d'évaluer est très subtilement ancrée dans nos croyances. Cette question touche au sujet délicat de l'ego.

L'ego, c'est la représentation de soi figée. Comme on veut garder une image de soi favorable qui nous permettrait d'obtenir plus facilement tout ce qu'on veut, on va alors tenter de donner une définition à ce que l'on est. Or, comme la réalité me confronte souvent au fait que ce que je croyais être n'est pas forcément vrai, je peux basculer dans le sentiment inverse de ne plus rien valoir, de n'être plus rien du tout.

Par exemple, si je me définis comme quelqu'un de gentil, et que je me trouve confrontée à une situation qui me met en colère, je ne vais pas m'autoriser à me mettre en colère et je vais trouver une raison qui justifie que je ne sois pas gentille, en général une justification extérieure. Je peux donc incriminer l'autre plutôt que d'admettre que je ne suis pas toujours gentille, ce qui me permettrait d'exprimer mon désaccord simplement et peut-être résoudre le conflit en douceur.

Le narcissisme est donc une tentative de compenser son sentiment de vulnérabilité. On veut prouver quelque chose, on veut toujours avoir raison.

Les réactions narcissiques augmentent donc souvent pour compenser cette impression de n'être plus rien, plus personne. L'égocentrisme, l'utilisation des autres pour satisfaire ses besoins, l'indifférence et le mépris sont corrélés à la souffrance intérieure que beaucoup ressentent. Cette souffrance qui est en réalité l'impossibilité d'être vraiment soi-même.

Les jeunes filles veulent être parfaites et ont recours de plus en plus tôt à la chirurgie esthétique. Les jeunes garçons développent une attitude de prestance, hyper-virile. Les deux sexes se toisent et tissent des liens basés sur la narcissisation mutuelle : « Je suis formidable et comme tu es formidable alors je te choisis et tu as intérêt à rester formidable pour me valoriser. » Sur ce mode de valorisation réciproque, le couple peut devenir une spirale infernale d'exigence où aucun n'autorise à l'autre le moindre faux pas, la moindre imperfection. « Je me sens seul et j'ai besoin qu'on me rassure et qu'on m'aime, mais mon égocentrisme ne me permet pas de tisser des relations d'amour authentiques donc je lutte contre la dépression et l'angoisse en m'agitant ou j'utilise l'autre pour tenter de combler mon manque affectif mais tôt ou tard la relation sera un échec qui me renverra à ma détresse. »

Les rapports sont difficiles et parfois violents, car chacun refuse de reconnaître sa propre vulnérabilité. Mais comment la reconnaître s'il n'y a aucun mot dans la société pour la définir ?

Cette vulnérabilité, c'est celle du cœur. C'est celle de se savoir humain tout simplement, avec ses forces et ses fragilités également.

L'irrationalité de notre époque repose en partie sur l'oubli ou la négation de notre dimension humaine et de notre part émotive.

La névrose de notre époque tient aussi au fait qu'il nous est proposé des multitudes de solutions de bien-être (massages, spa, cours de gym, voyages organisés, naturopathie, etc.), mais en négligeant une donnée essentielle : nous aspirons fondamentalement à être ordinaires, à aimer et à être aimés. Et aimer n'est pas forcément synonyme de bien-être. Aimer peut s'avérer très fragilisant et douloureux. Or nous pensons trop souvent qu'amour et bien-être sont interdépendants et nous sommes nombreux à sombrer dans une immense détresse, palpable à chaque entretien de psychothérapie.

Face à la frustration, l'autre est peu à peu perçu comme l'ennemi. Même dans la rue, dans le métro, celui qui me barre le chemin est bon à être mis sur un peloton. L'insatisfaction touche donc tous les domaines et plus la dépression est installée, plus les tentatives pour en sortir deviennent irrationnelles : ruminer, pester, râler, s'énerver, être agressif, tout casser, boire, fumer, manger trop, vomir, se droguer, frapper. Les cercles vicieux se mettent en place et finalement, épuisés, malades, obèses, anorexiques, dépendants, seuls ou avec des conséquences juridiques (par exemple pour conduite sous emprise d'alcool, consommation de stupéfiants), les patients consultent…

Dans la souffrance psychique, dans la plainte, l'autre est donc mon ennemi, soit qu'il m'empêche d'accéder à mes désirs soit que je me sente coupable de ne pas être à la hauteur de ses attentes, alors qu'en réalité je n'aspire qu'à aimer et être aimé.

Aller bien ne serait-il pas finalement aller bien avec l'autre ? La maladie psychique ne serait-elle pas une maladie de la relation ?

LA SOLITUDE, BLESSURE CONTEMPORAINE

Le corollaire de la difficulté à être en relation est bien évidemment le sentiment de solitude.

Beaucoup de patients consultent parce qu'ils se sentent seuls. Seuls le week-end, seuls en couple, seuls au travail. La solitude est vécue comme l'échec ultime car être seul, c'est penser ne pas être suffisamment bien pour intéresser les autres. La solitude se vit alors comme une malédiction, une sentence terrible. Et le sentiment d'être sans lien ou d'être incompris s'ancre peu à peu dans les pensées. Ce qui conduit à un véritable esseulement affectif. Le plus souvent les personnes en grande solitude fuient ce sentiment par le recours à la nourriture, en regardant la télé, etc.

Le refus ou le combat contre ces moments d'isolement conduit à encore plus de frustration et de ruminations. La solitude intérieure marque une impossibilité à se nourrir de liens affectifs, on ne sait plus être en relation avec autrui de manière adéquate.

Je dirai que la souffrance de la solitude rejoint celle de la liberté.

Se sentir seul, c'est se sentir dépendre des autres tout en refusant cette vulnérabilité. Car nous aspirons à être totalement libres, indépendants. Or la vraie liberté, c'est aussi reconnaître notre besoin des autres. Nous nous isolons donc ou nous nous sentons seuls parce que nous ressentons fortement notre besoin des autres sans l'accepter. Quel paradoxe ! De peur d'être vulnérables, nous préférons nous morfondre.

La solitude est avant tout la solitude du cœur.

Au lieu de la fuir, il est fondamental de la replacer dans la perspective de l'amour. Comment aimer ? Comment se faire aimer ?

Nous nous sentons seuls car nous sommes des êtres d'amour qui avons besoin de liens affectifs.

Mais, en même temps, notre solitude est la faille de l'être inhérente à tout humain. Nous sommes toujours en partie seuls. Personne ne pourra nous combler de manière absolue de sorte qu'aucune émotion douloureuse ne survienne chez nous. La solitude est souvent ressentie lorsque l'on touche à notre souffrance, à nos émotions. En réalité, on éprouve le sentiment de solitude au moment où on a besoin d'être rassuré, protégé, pas lorsqu'on se sent bien, sûr de soi, affirmé.

Il est irrationnel de ne pas vouloir ressentir cette faille. Mais il est vrai qu'elle est terriblement douloureuse. Elle nous renvoie à notre finitude, à notre mortalité.

Nous avons donc à apprendre à traverser notre solitude de manière autonome, mais aussi à savoir entrer en relation avec l'autre de manière adéquate, car nous avons besoin d'être en relation. Cet équilibre-là est très complexe, mais il s'agit de la vérité de l'existence humaine.

Si on ne la reconnaît pas, alors nous pouvons essayer d'être tout le temps en relation pour éviter une certaine forme de confrontation avec soi ou avec ses émotions, ce qui nous empêche vraiment de nous connaître et de nous construire. Ou alors, autre possibilité, nous pouvons nous morfondre dans l'isolement et la douleur, nous coupant des relations de peur que nos failles soient repérées. Le risque encouru est celui de se dessécher dans l'absence d'amour.

Liberté, autonomie et être en relation constituent l'art délicat d'exister aujourd'hui.

Lorsque nous nous retrouvons seuls, nous sommes en proie à la vérité de notre existence, nous ne nous fuyons plus. Nous sommes alors confrontés à notre liberté réelle, celle qui peut paraître un abîme car aucune loi ne nous est imposée dans cette société. Nous n'avons pas alors d'autre choix que de nous inventer instant après instant. Mais comme nous l'avons vu plus haut, cette liberté individuelle est effrayante, elle est sans repère.

Fabrice Midal, philosophe bouddhiste engagé dans l'enseignement d'une voie pour la liberté en Occident, illustre dans son livre *Risquer la liberté. Vivre dans un monde sans repères*[1] l'idée de la liberté individuelle conquise comme un « chemin de Cézanne » en référence à l'absolue vérité de ce peintre qui n'a suivi aucun dogme mais son propre cœur : « Le chemin est ardu et difficile, car il demande de la discipline et de la persévérance. Mais ne pas le suivre, renoncer, c'est se condamner à faire semblant de vivre. [...] Bien sûr, pour la plupart des hommes, quelqu'un qui suit le chemin de Cézanne, et qui passe son temps à peindre une montagne ou quelques pommes, est un fantaisiste, voire un doux dingue. Pour eux, réussir, c'est faire des études brillantes, se marier, avoir des enfants, un travail bien rémunéré, et partir en voyage dans des pays lointains.

1. Fabrice Midal, *Risquer la liberté. Vivre dans un monde sans repères*, Paris, Seuil, 2009.

Cézanne est pris par un feu dont ils n'ont plus aucune idée. Toute son ardeur est consacrée à gagner, pas à pas, un peu de liberté bleue, un peu d'espace ouvert, un peu de présence. C'est lui le véritable héros. Chaque jour, nous devons nous méfier de notre tendance à la servitude volontaire. À ne plus faire confiance à ce que pourtant nous savons au fond de nous, à cette soif qui nous meut. »

Nous voyons donc se dessiner deux pôles essentiels qui semblent animer notre élan vital mais que malheureusement nous occultons, nions, oublions.

D'un côté, ce à quoi nous aspirons : notre besoin de relation ou de lien à l'autre, et, de l'autre côté la volonté d'être libre et totalement soi-même. Ce que nous pratiquons en réalité ressemble à la posture contraire : nous nous isolons en ayant le sentiment de tout subir.

Catherine a 54 ans. Elle vit seule, n'a pas d'enfants.
Elle a eu très peu de relations amoureuses. Elle décrit ces relations comme superficielles car dans aucune des histoires qu'elle a vécues, les hommes n'ont voulu s'engager durablement.
Elle n'a pas d'amis. Elle dit s'ennuyer, souffrir de sa solitude. Lorsque nous apprenons à la connaître, nous voyons que les échanges avec ses collègues sont souvent empreints d'agressivité. Elle dit que sa collègue lui a cherché des noises, qu'elle ne la comprend pas. Quand nous analysons plus en détail leurs échanges, nous remarquons que Catherine est incapable de parler d'elle dès qu'il y a une difficulté. Elle dit : « Tu aurais dû m'apporter le dossier », « Tu aurais pu éviter d'en parler à ma chef ». La façon dont

elle s'adresse aux autres personnes qu'elle côtoie se fait souvent sous la forme de reproches ou de leçons.
Elle est incapable d'exprimer ce qu'elle ressent, sa vulnérabilité, ses besoins.
On s'aperçoit qu'enfant, sa mère ne la laissait pas s'exprimer et était très autoritaire. Elle a donc appris à être exigeante pour obtenir quelque chose. Mais, du coup, les personnes la trouvant trop autoritaire et agressive ne peuvent entrer en relation avec elle.
Ainsi, son esseulement et son impression de subir le rejet et une vie professionnelle difficile sont en lien avec une vision erronée qu'elle a de la relation aux autres. Elle croit que personne ne peut la comprendre si elle s'exprime librement, si elle est elle-même. Elle ne sait pas d'ailleurs comment être elle-même. Elle n'a pas du tout idée qu'elle pourrait être un individu à part entière, avec sa richesse, sa sensibilité.
Bien évidemment, la psychothérapie s'est axée sur l'expression des émotions et l'apprentissage de l'authenticité, notamment dans le cadre de la relation thérapeutique. Catherine a appris petit à petit à exprimer sa colère, ses points de vue, sans m'agresser et en me considérant comme son égale. Elle a pu exprimer des besoins comme, par exemple, que je parle moins vite, ou que l'on travaille sur tel ou tel point.
Elle a pu s'exprimer sur un autre mode et ses relations avec ses collègues s'en sont trouvées améliorées, puisqu'elle a même pu aller prendre un café avec l'une d'elles, ce qu'elle n'avait jamais fait auparavant. Et surtout, elle a touché au plus profond d'elle-même son désir de peindre. Elle a donc pris la décision de s'inscrire à des cours de peinture. Elle a également modifié sa présentation vestimentaire.

> Elle qui s'habillait toujours en gris, de façon très stricte, s'est autorisée à mettre des couleurs vives, elle est également allée se faire coiffer différemment.
> Elle a commencé une nouvelle phase de sa vie qui consistait à véritablement exister, plus en accord avec elle-même, et à prendre sa place dans ce monde. En devenant libre et autonome, elle est entrée en relation avec le monde et les autres.

Ainsi, c'est ce paradoxe apparent qu'il est important de saisir. Ce n'est pas en cherchant à correspondre à une image, à vouloir plaire ou chercher la reconnaissance qu'on entre en lien avec les autres véritablement. Plus on est soi-même, authentique et détaché de la recherche d'approbation ou d'admiration par les autres, c'est-à-dire de son ego, plus on s'ouvre, plus on est réceptif et on peut établir des relations véritables avec les autres.

LES CONDUITES AUTODESTRUCTRICES

Les comportements autodestructeurs, ce sont des comportements impulsifs et qui ont des conséquences négatives pour soi à court ou long terme. Les addictions diverses, la pornographie, la boulimie, peuvent être un moyen de s'évader, de fuir nos émotions. La recherche du plaisir à tout prix pour éviter de se confronter à la détresse ou à la part vulnérable de nous-même appelle un soulagement de plus en plus grand.

Vouloir se sentir bien est devenu aujourd'hui la clé de voûte de tout commerce. On nous vend du bien-être, du plaisir et on entretient l'idée qu'il est absolument anormal de souffrir, de ne pas vivre un « kif », de ne pas être zen... Les individus développent chaque jour une compétence inouïe à détecter la moindre frustration, la moindre douleur, pour très rapidement trouver une solution afin de la faire disparaître. Or, pour annuler une émotion douloureuse ou un inconfort à coup sûr, il n'y a pas grand-chose d'autre que le recours aux drogues. C'est un peu provocateur mais assez peu éloigné de la réalité. Si l'on est triste, on ne peut éliminer la tristesse d'un coup comme on le souhaite. On peut aller voir un ami et lui parler. La tristesse ne s'éliminera pas mais, par l'accueil bienveillant de cet ami, elle deviendra plus douce, plus supportable. Or, souvent, quand la douleur est trop forte, on cherche à la faire disparaître plutôt que de l'accueillir. Le problème est que plus on a recours à ces drogues plus on se crée des difficultés et de la souffrance : coût financier, descente, vomissements douloureux et surtout on s'éloigne totalement de ce que l'on souhaite faire de sa vie.

On voit ainsi s'affronter le principe de plaisir et le principe des valeurs de vie.

Il y a dans l'addiction une recherche de confort et de plaisir pour ne pas souffrir.

On voit bien lorsque l'on confronte les personnes qui ont recours à des conduites addictives (alcool ou crises de boulimie par exemple) à des situations de frustration ou de non-plaisir : par exemple s'asseoir dix minutes sur un coussin sans rien faire, leur agitation à rechercher un soulagement et un état de bien-être leur rend impossible cette tâche si simple.

Les addictions représentent donc des stratégies de soulagement immédiat face à toutes formes de contrariétés, et la recherche de soulagement devient une fin en soi, les individus cherchant à soulager leur quête effrénée de soulagement. « Je bois pour oublier que je bois », disait l'ivrogne dans *Le Petit Prince*. Ces conduites sont évidemment autodestructrices.

Revenons à la définition d'une addiction pathologique. C'est une conduite répétitive et compulsive (jeux, alcool, drogues, nourriture) qui a des conséquences sur l'entourage ou qui fait souffrir le sujet car elle engendre des problèmes : juridiques, perte d'emploi, divorce, endettement, etc. La définition d'une addiction est dite pathologique lorsque le comportement, *a priori* volontaire, se retourne contre le sujet au lieu de ne lui offrir que du plaisir. Il s'agit donc de mécanismes autodestructeurs.

La personne fait intentionnellement quelque chose qui va à l'encontre de ses propres intérêts. Et on retrouve cette attitude-là, ce symptôme-là, en dehors des consommations d'alcool ou de drogues.

Marie me dit par exemple qu'elle a honte d'elle-même et qu'elle déprime, car elle ne se lève pas le matin pour aller à son travail et n'arrive qu'à midi ce qui lui vaut des remarques régulières de son employeur et des menaces de licenciement. Cependant, cette personne ne peut s'empêcher de le faire car elle n'a pas envie d'affronter son entreprise et que, le matin, l'idée de rester au lit lui paraît plus confortable.

Un père de famille me raconte qu'il donne des fessées et des claques à ses enfants, alors qu'il le regrette après, mais sans pouvoir s'empêcher de le faire sur le moment.

On voit donc là subtilement que les sujets témoignent d'une perte de contrôle sur leur vie. Ils font le contraire de ce qu'ils savent être bon pour eux, ou tout simplement de ce qu'ils veulent, et renforcent ainsi leur souffrance en se sentant coupables.

En réalité, ils agissent comme s'ils étaient en pilotage automatique et suivent ce que leur dictent certaines pensées au lieu de suivre leur conscience profonde. Ils perdent la main et n'arrivent plus à garder le cap. On appelle cela *l'impulsivité*. Elle s'observe dans de nombreux troubles psychiques. Et l'impulsivité, ce n'est pas la liberté.

L'impulsivité est une action qui serait définie schématiquement comme l'incapacité à retenir une réponse. Un déficit du contrôle de l'attention, une difficulté à attendre pour recevoir une récompense et une prise de décision rapide due à un manque de considération caractérisent ce type de comportements.

Les actes impulsifs dysfonctionnels sont donc peu ou pas réfléchis (non prémédités, prenant place spontanément, dans l'immédiat) :

— inutilement risqués,

— inadaptés au contexte environnemental ou social,

— et ayant des conséquences indésirables (dommageables pour soi-même ou pour autrui).

C'est ainsi qu'au niveau individuel se confrontent le principe de plaisir et la liberté. Ces individus qui suivent une petite voix leur faisant faire des choses qu'ils regrettent ensuite n'ont pas la liberté de mener leur vie comme ils l'entendent.

Or quasiment chaque conduite impulsive a pour naissance la recherche d'un soulagement face à une frustration ou à une émotion douloureuse. C'est un phénomène très subtil et dont peu de personnes ont conscience.

Par exemple, la jeune femme qui ne se lève pas le matin est souvent en proie à l'angoisse, aux peurs liées à l'idée de ne pas être à la hauteur de son emploi.

Confrontée à ces émotions tout à fait normales (ressentir de l'appréhension lors de certaines tâches difficiles à accomplir est très humain), elle ne supporte pas cette tension et se réfugie dans son lit pour chercher à calmer cette douleur. Le résultat est que son retard renforce son sentiment d'incapacité et par conséquent ses peurs qui deviennent de plus en plus justifiées. C'est exactement cela le mécanisme névrotique autodestructeur.

L'intolérance à la frustration est de plus en plus répandue dans notre société. Les gens ne supportent plus les contraintes, les limites. On n'est plus du tout éduqué à l'épreuve. Tout doit être facile, rapide, disponible immédiatement. Internet a réduit notre rapport au temps, à l'attente. Beaucoup de choses fonctionnent dans l'instantanéité : communication et relations humaines *via* les outils multimédias, information et news. Attendre devient un problème si ce n'est une souffrance. De ce fait, souffrir devient synonyme d'échec et il faut au plus vite trouver une solution pour mettre fin au ressenti désagréable.

Les conséquences de cette spirale sont bien évidemment l'augmentation de la violence, l'agressivité verbale, la difficulté pour les enfants à s'impliquer à l'école.

Plutôt que d'être libre avec les épreuves de la vie, les aléas ou la part d'incertitude que cela suppose, nous préférons être asservis au principe de plaisir et par là même faire le contraire de ce que nous souhaitons réellement.

C'est dans ce fonctionnement que l'on peut parler d'une dimension névrotique car refuser de souffrir conduit à encore plus de souffrance. Et la réalité de la vie est qu'il y a toujours des épreuves, petites ou grandes, tous les jours et que nous pouvons les affronter autrement à partir du moment où l'on pense autrement.

L'ANGOISSE, LA PEUR ENVAHISSANTES

Nous sommes de plus en plus nombreux, nous vivons entassés dans les grandes villes. Nous sommes amenés à vivre seuls avec moins de soutien des structures familiales ou communautaires. Et, pour survivre, face à la peur de la déchéance financière, face à la crise, nous devons absolument développer de nouvelles compétences, chaque jour plus exigeantes. Être beau, être rapide, être cultivé, parler de nombreuses langues, être ouvert et sympa, connaître toutes les nouvelles technologies, etc.

Je rencontre des parents qui mettent une pression folle à leurs enfants dès l'école primaire : « Si tu n'es pas le meilleur en classe, tu finiras chômeur et SDF »,

« Si tu n'as pas une grande école, tu auras une vie médiocre ».

En réalité, le sentiment qui prédomine chez tous, c'est la peur. La peur d'être seul, la peur d'être rejeté, la peur de l'échec, la peur de déchoir, la peur de ne pas être à la hauteur, la peur de manquer, la peur d'être ridicule...

Et cette peur est entretenue par les médias.

Qu'est-ce que la peur ?

Si la peur est une émotion utile pour notre survie, elle est le plus souvent irrationnelle et nous conduit à des réactions contraires à nos intérêts. En fait la peur est adaptée lorsqu'elle nous permet de nous protéger d'un vrai danger.

Mais ce que l'on observe aujourd'hui c'est la *peur d'anticipation*.

Si l'on prend le temps de s'arrêter un peu sur le quotidien de nos vies, les dangers auxquels nous sommes confrontés réellement sont de moins en moins nombreux : il n'y a plus de bêtes sauvages qui nous attaquent, nous avons la plupart du temps à manger. Dans nos sociétés occidentales, nous savons interpréter les phénomènes naturels, nous avons suffisamment de connaissances sur l'humain pour ne plus craindre les maladies.

Mais l'anxiété de notre société est souvent en lien avec une tendance à évaluer toutes les catastrophes possibles.

Et les catastrophes deviennent de plus en plus minimes ou rares par leur survenue.

Par exemple, une patiente me dit qu'elle a très peur d'avoir pris 200 grammes.

Un patient me dit qu'il a peur que son père soit déçu s'il n'a pas sa promotion professionnelle.

Une autre patiente me dit qu'elle a peur de ne pas être la première lors de son concours de chant.

Que sont donc ces peurs ? En réalité, les peurs sont le refus que les choses se produisent : ma patiente dit « NON » aux 200 grammes, mon patient dit « NON » à au rejet éventuel de son père, et la troisième personne dit « NON » à la possibilité de l'échec. Des refus qui traduisent une non-acceptation de réalités possibles.

Derrière la peur, se cache la volonté. La tradition volontariste de notre époque est bien à l'origine de cette tendance à vouloir tout maîtriser. Citons encore Alain Ehrenberg[1] pour mieux comprendre pourquoi nous cherchons tant à décider de tout, à nous accrocher : « Gagneurs, sportifs, aventuriers et autres battants envahissent le paysage imaginaire français. Ils ont trouvé leur incarnation dans un personnage aujourd'hui déchu, mais qui a symbolisé l'entrée de la société française dans une culture de la concurrence : Bernard Tapie. Se souvient-on encore qu'il animait sur TF1 en 1986, à une heure de grande écoute, une émission de variétés entrepreneuriales au titre éloquent d'*Ambitions* ? Il ne s'agissait pas seulement d'un show. La première vague de l'émancipation invitait chacun à partir à la conquête de son identité personnelle, la deuxième vague à celle de la réussite sociale par l'initiative individuelle. »

Au plan individuel, cet état d'esprit conduit à des injonctions personnelles que chacun se fixe pour lui-

1. Alain Ehrenberg, *La Fatigue d'être soi, op. cit.*

même ou sous l'influence d'instances supérieures, ou considérées comme telles :

« Je veux être la plus mince », « Je veux satisfaire mon père ou je veux être la meilleure », « Je m'accroche donc. Je ne veux pas lâcher. Je ne peux envisager que les choses soient autrement que conformes à ma volonté ».

« Quoi de plus sot que de raidir les muscles et serrer les mâchoires à propos de vertu, ou de poésie, ou de la solution d'un problème ? », écrivait la philosophe Simone Weil.

Lorsque les choses ne sont pas comme on le souhaite on peut donc se raidir et ruminer pour chercher à éviter les épreuves de la vie.

Comme si on naviguait sur l'océan en refusant qu'il y ait des vagues... La peur est donc le refus que les choses soient autrement que ce que j'ai décidé, c'est-à-dire cette crispation à l'idée que le non-désiré se produise et une tentative de tout mettre en œuvre pour que ça n'arrive pas.

C'est une manière de refuser la contrariété. De refuser la frustration. De refuser de souffrir. De refuser son destin.

Une patiente me dit qu'elle a peur que le garçon qui lui plaît ne veuille pas d'une relation avec elle et que cela la met dans tous ses états. En réalité qu'est-ce qui la fait vraiment souffrir ? L'idée que son désir ne soit pas satisfait et qu'elle puisse en souffrir... l'idée qu'elle soit abandonnée, qu'elle soit triste, frustrée...

Comme des enfants gâtés que la vie déçoit, les personnes qui consultent ont donc tout le temps peur de perdre ce qu'elles ont ou que ce que ce qu'elles souhaitent ne se réalise pas. À différents degrés, nous pouvons tous êtres concernés par cette peur qui est le signe de notre avidité au plaisir.

Cette quête de plaisir peut être vue comme une quête d'exister à tout prix. L'homme confronté à la faille de l'être, pressentant bien qu'il ne sera jamais tout-puissant et supérieur à tous, est en permanence au seuil de choir dans le désespoir.

Mais la réalité est que nous ne pouvons maîtriser l'intégralité de notre destin. Il y a beaucoup de choses qui nous échappent malgré tous nos efforts. Si on se crispe à trop vouloir, on va se heurter à cette impuissance inhérente à la condition humaine. On va passer de frustration en frustration, et en plus en se coupant de la beauté de la vie, de l'« incandescence du réel » pour reprendre une expression de Chogyam Trungpa.

Vouloir de meilleures conditions de vie est humain, bien sûr. Mais quand vouloir devient le seul moteur de nos actions, quand le but prédomine dans notre esprit comme une obsession, alors on se coupe de la réalité, on vit comme dans un « tunnel », sans plus de considération pour la nature autour de nous, les autres humains... C'est un peu comme si nous avions des œillères. C'est là qu'on est en quelque sorte « stupide », c'est-à-dire un peu borné. La sérénité vient donc en partie d'une diminution de notre volontarisme effréné.

LE MANQUE DE CONFIANCE EN SOI

Ce concept de manque de confiance en soi est typiquement occidental. En effet, les mots pour décrire ce concept n'existent pas en Asie. On voit là comment langage et perception se répondent. Toutefois, il me semble que cela va au-delà du simple langage. Le manque de confiance en soi qui terrifie les personnes qui souffrent est très lié à la représentation de soi.

> Sylvie, âgée de 52 ans, directrice marketing, me consulte pour son problème de boulimie avec vomissements. Elle dit n'avoir jamais eu confiance en elle. En creusant avec elle cette idée, nous nous rendons compte qu'elle a toujours eu le sentiment d'être un imposteur, de ne pas être à la hauteur de ce qu'on lui demandait et que, même si elle réussissait souvent, elle avait le sentiment qu'au fond elle était un monstre et qu'un jour tout le monde s'en apercevrait.

Le manque de confiance en soi correspond à l'impression de ne pas être la personne qu'on devrait être. C'est donc qu'on établit une comparaison avec l'image idéale qu'on a de soi. Et moins on a confiance en soi, plus on fait des choses qui altèrent encore plus l'image qu'on a de soi. Par exemple être agressif, fumer, boire, etc.

Donc pourquoi cette femme avait-elle l'impression profonde d'être un monstre ? En explorant avec elle son histoire, nous découvrons que, dans son enfance, elle a subi des abus sexuels d'un homme de la famille à 8 ans, et pour interpréter ce qui se passait elle a élaboré l'idée qu'elle l'avait cherché et que c'était de sa faute.

Nous reviendrons sur les origines de la souffrance psychique, mais ce qui nous intéresse ici c'est de montrer ce qu'est la représentation de soi : c'est un lourd fardeau que l'on porte, qui en réalité est basé sur peu de chose mais qui conditionne notre interprétation des événements.

Nous avons tous, plus ou moins, une représentation de nous-même, ce que l'on appelle notre personnalité, notre caractère. Mais plus cette représentation est figée, plus nous pouvons souffrir. Car, en réalité, parce que nous sommes humains et que nous avons des émotions, nous réagissons au monde de manière spontanée et sans rapport avec des idées préconçues. Nous pouvons donc nous définir comme quelqu'un de très solide et de fort, mais un événement fortuit peut nous déstabiliser et nous faire perdre la raison. Si nous restons dans notre représentation, alors nous serons encore plus déstabilisé.

François, artiste âgé de 48 ans, est un homme très fier de son parcours ; il est célèbre et beau, et beaucoup de femmes l'adorent. Il a de nombreuses maîtresses et une femme qui lui est très dévouée. Tout allait bien jusqu'au jour où une de ses maîtresses l'a trompé avec un autre homme.
François est alors devenu « fou », il a « pété un plomb », dit-il. Il a voulu se suicider en se pendant dans sa cave. Sa femme l'a retrouvé et l'a sauvé.

En réalité, le choc existentiel de François a été de se confronter à une réalité qui remettait en cause profondément son postulat selon lequel il était l'homme à qui tout réussissait. Et la réalité devenant contraire à la représentation qu'il avait de lui, il a alors perdu toute confiance en lui et a voulu se punir de ce changement d'image.

On remarque que les personnes qui n'ont pas confiance en elles sont des personnes qui appréhendent le monde selon des jugements de valeur : il y a les bons et les nuls, les beaux et les laids. Il faut donc sans cesse savoir dans quel camp on est, ce qui conduit à une impasse. Car si par exemple hier j'ai très bien réussi le plat que j'ai cuisiné à mes proches, cela signifie-t-il que je suis une bonne cuisinière ? Et si demain je le rate ? Suis-je une mauvaise cuisinière ? Je peux ainsi passer mon temps à me confronter à l'*impasse de l'étiquette*. L'étiquette, cette image que je m'attribue et qui risque toujours de m'enfermer. Se définir par rapport à une expérience, c'est tomber dans l'écueil de la représentation de soi figée.

Sylvie dont nous parlions n'est pas un monstre, mais comme elle ne peut atteindre la perfection qu'elle s'impose alors elle se range du côté des minables. En effet, il faut admettre qu'elle a des idéaux d'exigence élevés, qui sont en fait des réactions narcissiques pour compenser son sentiment d'imperfection et de honte qu'elle trimbale depuis son enfance.

Ses exigences de perfection sont par exemple ne pas bafouiller en public, ou alors être mince, ou alors être sûre de soi. On discerne l'incohérence et le paradoxe de cette attitude visant à toujours vouloir atteindre l'image que l'on s'est attribuée. À force de vouloir être quelqu'un d'autre qu'elle-même, elle n'est personne, elle s'éloigne totalement de son être véritable et vit une vie entre parenthèses. Tout comme François qui a toujours voulu coller au modèle de l'homme parfait et qui ne s'est certainement jamais autorisé à être authentique.

La représentation de soi est donc liée à la volonté de se définir soi. Par exemple, une personne me dit, dans cette situation : « J'ai manipulé cette personne, je suis donc une manipulatrice. » Or il y a de nombreuses fois dans sa vie où elle n'a pas manipulé des gens, mais elle ne retient que ce qui conforte l'idée, la représentation qu'elle a d'elle-même.

Le manque de confiance en soi serait donc lié à une vision linéaire de soi, alors qu'en réalité soi est beaucoup plus complexe. Ainsi, nous sommes souvent prisonniers de la pensée dichotomique, d'une vision tranchée des choses, sans nuances.

« Il ne cessait désormais de se voir comme l'auteur d'une seule action. Ceci, je le nomme folie : l'exception chez lui, est devenue son être, elle s'est muée en son essence. La ligne tracée hypnotise la foule ; le méfait qu'il a commis a hypnotisé sa pauvre raison – ceci, je le nomme folie après l'action », Nietzsche, *Ainsi parlait Zarathoustra.*

En réalité, la question du moi, de l'ego, est au centre de toutes les théories psychologiques. Plus on a une idée de soi, plus on souffre.

CHAPITRE 2

Nos pensées nous disent parfois n'importe quoi

Nous voyons donc, avec ces exemples s'esquisser la dimension névrotique des plaintes d'aujourd'hui.

Le rapport biaisé à sa propre liberté, la difficulté à accepter la faille de l'être, sa vulnérabilité, son besoin d'amour, la non-acceptation de son destin comme en partie indépendant de notre volonté, la volonté de maintenir une représentation de soi figée qui peut être un poids et un écueil, la recherche du bien-être qui conduit généralement à l'autodestruction.

Tout cela signe l'irrationalité en lien avec des pensées conflictuelles qui ne s'adaptent pas au réel.

Pourquoi ce phénomène de névrose augmente-t-il aujourd'hui ?

Nous pouvons extrapoler que la névrose est le résultat incontournable de la découverte de l'esprit en Occident. C'est l'enjeu aujourd'hui. *Les névroses croissent car l'esprit se déclôt*. On découvre que l'esprit existe. Car on a moins de souffrances réelles.

Toutes les personnes dont nous avons parlé se construisent un monde mental pour tenter d'avoir une prise sur leur destin ou plutôt laissent leur esprit décider, même si cela les conduit à souffrir.

Découvrir son esprit et son agitation peut être très douloureux. D'ailleurs, la plupart du temps nous souhaitons l'éteindre, appuyer sur un bouton « off ». C'est ce qui conduit à la plupart des conduites addictives : alcool, tabac, cigarettes, boulimie...

Nous pouvons voir aussi dans ces conduites une tentative de retour au réel pour mettre un terme aux ruminations névrotiques. Les boulimiques qui se font vomir ensuite se créent de la souffrance physique pour ne pas penser. Elles le disent très clairement : « Ça me permet de ne plus penser. » Car l'esprit, s'il n'est pas dompté, se retourne contre le sujet lui-même. Mieux vaut donc souffrir réellement que de la souffrance névrotique. La télé sert également à s'abrutir pour ne pas penser.

Car les pensées automatiques ont souvent pour thème l'ego, le refus de la souffrance, la recherche de solutions et l'anticipation des dangers à venir. C'est très archaïque, car en rapport avec nos instincts de survie et cela nous dessert si l'on ne suit que ces pensées-là. Elles nous déconnectent de la réalité et de la capacité de penser en fonction de ce qui est vraiment là. On pourrait dire qu'elles nous déconcentrent de la perception claire de la réalité.

Cela explique le cataclysme de la méditation qui entre aujourd'hui particulièrement dans le champ du soin de la névrose : il s'agit d'un rapport inévitable au réel. Donc ça peut soigner. Ce n'est donc pas un hasard si des techniques utilisant la méditation pour soigner le stress, l'anxiété, mais aussi la dépression, connaissent un fort succès aujourd'hui. Mais nous pouvons voir aussi dans l'engouement pour les voyages, la nature la même chose : lorsque nous sommes à la plage, ou que nous marchons dans la montagne, nous sommes automatiquement amenés par les stimulations sensorielles à entrer en rapport au réel. C'est pour cela que les vacances font du bien et que les voyagistes sont les plus grands soigneurs « temporaires » de la névrose de notre temps. Je dis temporaires car cela ne soigne pas fondamentalement, cela soulage sur le coup. D'ailleurs, c'est pour cela qu'il faut retourner régulièrement en vacances.

Le travail psychologique permet donc un rapport autre avec la pensée, l'esprit. Au lieu de chercher à la fuir, nous apprenons à nous y confronter autrement.

Et la façon de s'y confronter est multiple, car il existe de nombreux outils aujourd'hui qui méritent qu'on s'y intéresse et qu'on réfléchisse à leurs indications et articulations. Nous allons y revenir beaucoup plus en détail plus loin.

Donc, résumons : la névrose naît de l'absence de souffrance réelle et n'est basée sur rien. Lorsque l'esprit se déclôt, il produit beaucoup de pensées anarchiques qui peuvent se retourner contre le sujet lui-même. Il est donc très utile d'apprendre à dompter son esprit par un retour au réel.

Pourquoi les pensées automatiques sont-elles autodestructrices ?

D'abord, nous pensons tout le temps. Les pensées sont omniprésentes. Si vous observez votre esprit quelques minutes, c'est-à-dire sans rien faire, juste observer les thèmes qui se produisent dans votre tête, vous serez surpris de voir que vous pensez sans cesse.

Vous pensez à ce que vous allez faire tout à l'heure, à un souci que vous avez vécu hier, ou alors des images vont apparaître, un visage, un lieu... sans que vous ayez décidé de penser.

La pensée est ce qui nous permet d'intégrer les données sensorielles, de les sélectionner, de les assimiler et de décider d'une action à entreprendre. La pensée est l'ensemble des activités mentales associées au traitement, à la compréhension, à la remémoration et à la communication de l'information. Elle est donc vitale pour s'adapter à son environnement. La pensée réajuste tout le temps ses convictions pour permettre l'apprentissage et l'acquisition de nouvelles compétences.

Nous formons des concepts, c'est-à-dire des associations mentales d'objets similaires, puis des hiérarchies de catégories. Pour résoudre des problèmes, nous utilisons des algorithmes, des liens.

L'étude de la pensée est le domaine des sciences cognitives mais aussi de la philosophie.

L'origine de nos pensées, leur caractère inné ou acquis intéressent ces domaines et nous ne pouvons prétendre aujourd'hui donner des réponses définitives sur la façon dont les pensées émergent, et leur degré de rapport à la réalité.

Ce que nous savons, c'est que si nos pensées sont une tentative de compréhension du monde, elles n'en sont pas l'exact reflet.

Elles permettent une représentation qui n'est pas l'objet que nous nous représentons. Par là même, une pensée ne peut être exactement l'objet qu'elle pense.

Par exemple, j'ai une idée d'une rose quand je pense à une rose. Mais cette idée immatérielle n'a rien à voir avec la réalité de toutes les formes de roses. Je ne peux dans ma représentation inclure toute la dimension de la réalité. Il existe par ailleurs de nombreux biais de la pensée.

Les heuristiques sont des raccourcis mentaux pour émettre des jugements en suivant notre « flair ». L'heuristique de la représentativité par exemple, qui correspond aux « clichés », et l'heuristique de la disponibilité, qui est liée au fait que si des événements viennent plus facilement dans notre mémoire alors on pense qu'ils sont plus fréquents (ce qui nous « saute » à l'esprit), peuvent nous faire ignorer des données importantes. Il y a aussi des erreurs liées à l'excès de confiance : on s'empresse de confirmer des croyances déjà acquises. Cela a un rôle adaptatif car les gens qui prennent des décisions brutales paraissent plus crédibles. Ainsi, nos peurs ne sont pas toujours justifiées et nos conclusions fausses. Voici un exemple : après le 11 Septembre, les Américains ont eu peur de prendre l'avion car ils ne voulaient pas mourir et ont donc beaucoup plus pris leurs voitures. Le résultat est une augmentation du nombre de morts sur la route. Notre esprit alors qu'il croit être logique se trompe donc souvent.

Nous cherchons donc en permanence à donner du sens à ce que nous percevons. Mais de manière automatique, l'esprit se trompe souvent.

Il se trompe car il donne la solution la plus simple, souvent celle que l'on connaît déjà. Or nous ne savons pas tout. Ainsi, si j'entends un gros « boum », il se peut que je pense que c'est une bombe ou alors un meuble qui est tombé. Selon mes antécédents, si par exemple j'ai été victime d'un attentat, je vais plus probablement penser que c'est une bombe, non pas que la probabilité que ce soit une bombe ait augmenté, mais parce qu'un lien a été établi pour moi entre un stimulus et une interprétation dans mes souvenirs.

Dans le domaine des sciences cognitives, ces phénomènes ont été particulièrement étudiés. Et, en thérapie cognitive et comportementale, nous utilisons bien évidemment le lien qui existe entre les pensées et les comportements, afin de décrypter les schémas qui chez le sujet le conduisent à réagir systématiquement de la même manière en fonction de son vécu antérieur afin de l'en libérer et qu'il puisse adopter une connaissance plus large des phénomènes, afin d'envisager d'autres possibilités que ce que son esprit lui dicte.

Revenons à notre « boum » : il est beaucoup plus utile de critiquer ces pensées automatiques qui nous disent que c'est une bombe en allant vérifier par le préalable du doute, plutôt que de se laisser envahir par une angoisse terrible et les supputations nées de cette conviction qu'il s'agit d'une bombe.

Pour aller plus loin dans l'explication de ce mode de pensée, voici d'autres exemples.

Le langage, les sens et la conscience sont étroitement liés. Lorsque je perçois une entrée sensorielle, mon cerveau va automatiquement vouloir donner du sens à ce que je perçois. Cela s'appelle l'inférence.

Selon la théorie des cadres relationnels, il existe une connaissance non arbitraire de type sensoriel puis le langage émet des classifications conceptuelles qui peuvent varier d'un individu à un autre ou selon l'unité de mesure choisie et sont donc arbitraires : par exemple, la pomme peut être grosse mais être en volume inférieure à une personne que je peux caractériser comme maigre. La pensée conceptuelle et le langage peuvent donc prêter à confusion selon les types de relations apprises par les individus.

Si, pour moi, les gens qui parlent fort sont malpolis, peut-être que pour d'autres ceux qui parlent fort sont sourds. J'ai établi un lien entre parler fort et politesse alors que quelqu'un d'autre a établi un lien entre parler fort et état de santé des oreilles.

Or ces liens-là, ces relations-là, conditionnent les habitudes, les réactions de chacun et les incompréhensions parfois, voire les discordes !

On comprend donc l'intérêt qui peut exister pour chacun de se pencher sur les mécanismes d'émergence des pensées, le degré de rationalité des pensées si l'on aborde la relation de soi avec le monde, la connaissance qu'on a des autres ou même la connaissance qu'on a de soi-même.

C'est parce qu'on tire des conclusions fausses de la réalité qu'on souffre.

Je dis souvent que les dépressifs, mais aussi tous les névrosés, sont de grands statisticiens qui se trompent en permanence. Ils passent leur temps à conclure à partir d'un événement passé ou présent ce qui va se passer dans le futur. Par exemple, parce que j'ai connu un échec sentimental, alors « je n'arriverai jamais à trouver quelqu'un ».

« Toujours, jamais, souvent, d'habitude » sont les amis de la dépression, dis-je souvent, et c'est pour cela qu'ils doivent devenir nos ennemis.

Les généralisations excessives, la maximalisation, la minimisation, l'inférence arbitraire (conclusions sans preuve), la personnalisation (interpréter les événements en fonction de soi-même) sont les erreurs cognitives classiques dans le champ de la souffrance psychique.

Nous voulons en fait avoir l'impression de pouvoir maîtriser notre vie. Nous voulons faire des projets, être sûrs de ne pas nous tromper. Ce qui rend les pensées autodestructrices, c'est notre tendance à vouloir *prédire.*

Nous prédisons l'avenir car nous cherchons à contrôler les choses.

Il est légitime de chercher des garanties et de la sécurité. Malheureusement ça ne marche pas. Notre esprit est incapable d'intégrer toutes les données du monde pour savoir précisément ce qui va se passer pour nous dans les semaines, les mois ou les années à venir.

Si l'on considère la théorie mathématique du chaos, elle nous dit bien que le hasard n'existe pas vraiment, mais qu'on ne peut modéliser les événements de la vie, de la nature, et prédire car il faudrait intégrer un nombre de données immense.

Par exemple, si je souhaite réussir mon examen dans deux mois, je peux faire tout ce que je veux, travailler comme une acharnée, me reposer, etc. mais je ne peux être sûre d'éliminer un coup de fatigue le jour même, une gastro-entérite, une grève des transports, un examinateur trop sévère... Je peux néanmoins me donner les moyens de réussir et y parvenir, mais la vie me montrera que je n'ai aucun moyen d'agir sur tout, notamment dans le domaine complexe des relations humaines, où je ne peux être sûre que tout le monde m'aimera toujours, qu'il n'y aura jamais dc conflit avec personne et que tout le monde fera tout ce que je lui demande.

On voit donc que les tentatives de l'esprit pour contrôler le chaos de la vie se confrontent à la réalité et que la souffrance peut naître de ces illusions-là.

Pourquoi pense-t-on de travers ?

Les pensées sont des illusions. Cette idée peut, *a priori*, choquer un Occidental pour qui la pensée est souveraine, selon le *Cogito ergo sum* de Descartes ;

même si au fond Descartes remettait en question la véracité de ce que l'esprit dit, mais en niant l'intérêt du corps et des émotions comme voie d'accès à la réalité.

Pourtant la phénoménologie est une science occidentale, et l'on sait tous que l'on se raconte souvent des choses fausses. Par exemple, qui n'a pas été persuadé qu'il ne réussirait jamais une épreuve et qui l'a réussie ? Qui n'a jamais cru qu'il avait envoyé un courrier alors qu'il ne l'avait pas fait ?

Nous savons tous que nous nous trompons, que nous croyons des choses que l'expérience dément.

Pourtant, il se peut que nous continuions à nous construire un monde fictif, fait de croyances.

Si c'est le cas, c'est bien parce que les croyances ont un intérêt. Il est vrai que les croyances sont le moteur de la motivation. C'est parce que je crois quelque chose, que je me projette, que je vais avancer. Les croyances nous donnent un but. Si je crois que je vais gagner de l'argent en appuyant sur les boutons d'une machine, alors je vais le faire même si « pour l'instant » je ne gagne pas d'argent.

Et puis nous avons besoin de nous construire des représentations pour communiquer, pour agir plus rapidement. Nous faisons donc des liens entre des objets différents, nous créons des concepts.

L'étude de l'esprit comme dans la philosophie, et plus particulièrement la phénoménologie, montre à quel point le lien entre nos représentations et le monde réel est complexe à établir. Le monde est-il une construction de mon esprit ? Ou y a-t-il un monde commun à tous, que je peux réellement percevoir sans me tromper ? Cette question n'aurait pas de raison d'être si tous les humains étaient d'accord sur tout. Si, quand je trouve un arbre joli, tous les humains de la terre le trouvaient joli et si quand je crois qu'une personne est méchante, alors tout le monde s'accordait à dire qu'elle l'était ou intelligente... Or nous voyons régulièrement que nos perceptions sont sujettes à une remise en question. Le monde tel que je le perçois est une construction à partir de données extérieures à moi et de données qui me sont propres. Je vois un tableau comme un ensemble de couleurs et de formes, mais le sens que je lui trouve, l'interprétation de sa qualité et ce qu'il m'évoque ont à voir avec ma personnalité et ce que j'ai emmagasiné de connaissances ou souvenirs.

Ainsi, ma mémoire, mon vécu antérieur, mes expériences, mes apprentissages colorent ma vision des choses et peuvent la transformer très profondément et la détourner de sa réalité propre. C'est le cas des personnalités paranoïaques qui interprètent les actes des autres comme tournés contre elles de manière excessive.

Accéder à une lucidité totale par-delà les représentations est une tâche très ardue qui intéresse les cognitivistes, les philosophes, les phénoménologues mais aussi les bouddhistes. Se débarrasser de ses *a priori*, de ses constructions mentales pour voir clair semble un projet d'intelligence folle, car il implique l'absence de repères, notamment ceux qui constituent la représentation de soi et qui nous sont utiles pour se présenter, avoir une identité, etc. Nous reviendrons sur cela plus loin, car ces réflexions sont très utiles dans le cadre du traitement des névroses et le développement d'une plus grande intelligence.

En quoi douter de la réalité de nos pensées a un impact sur notre état intérieur, et peut nous permettre de devenir plus sereins ?

Ma croyance n'est pas la réalité. Je crois que je vais gagner de l'argent, j'imagine ce que cela peut m'apporter, mais ce n'est pas la réalité (puisqu'il s'agit d'une hypothèse sur le futur qui n'existe pas encore). Selon que ma croyance à ma pensée est forte, je serai plus ou moins déçue par la réalité. Si je suis persuadée que je vais gagner de l'argent, je peux être très frustrée de ne pas en gagner. Si je me dis que peut-être je vais en gagner mais que je sais que je peux aussi ne pas en gagner, je serai plus sereine si je n'en gagne pas.

La sérénité vient de la capacité à douter de la réalité de ce que mon esprit me dit sur ce qui n'existe pas. Donc douter de la réalité de ma pensée a un impact sur mon état intérieur.

Si je suis sûre que quelqu'un me déteste, je vais agir d'une certaine manière. Si je me dis par contre que, peut-être, cette personne me déteste mais peut-être que non, je vais pouvoir agir d'une manière différente dans l'instant.

On observe donc que douter du contenu des pensées impacte aussi mon comportement actuel et mon scénario de vie.

La question de l'inconscient

L'approche psychologique montre qu'en plus de la difficulté d'accéder à une réalité scientifique viennent s'ajouter nos émotions, nos souvenirs refoulés, ainsi que des interprétations conditionnées par notre enfance ou nos traumatismes qui obscurcissent encore un peu plus notre objectivité.

Il y a des pensées qui dirigent nos actes sans qu'on ait conscience du processus de traitement de l'information. En effet, on agit parfois sans trop savoir pourquoi et les théories freudienne ou jungienne ont montré leur réalité clinique. Donc *quid* de l'inconscient ?

Il y a probablement des liens très rapides et subtils, de type inférences et cadres relationnels entre un stimulus et mon comportement.

Ces liens subtils en rapport avec ce que l'on nomme inconscient pourraient être en rapport avec les schémas[1]. Les schémas sont des croyances si profondément ancrées en nous qu'elles deviennent des vérités. Par exemple si j'ai le schéma « tout le monde doit m'aimer », si quelqu'un ne m'aime pas, c'est que je ne mérite pas d'être aimée par quiconque, alors dès que quelqu'un va me rejeter, je vais automatiquement avoir une émotion très douloureuse, sans savoir que je réponds à un schéma.

Les schémas cognitifs sont des règles de fonctionnement psychologique, des vérités que l'on s'est forgées

1. J. Cottraux, « À la recherche de l'inconscient biologique », *in* Jean Cottraux (dir.), *TCC et neurosciences,* Paris, Elsevier-Masson, 2009.

sur le monde, sur soi-même et sur les autres : ils sont inconscients et élaborés dans l'enfance, par l'éducation et l'expérience vécue. Ils conditionnent les pensées automatiques et les réactions émotionnelles. Ces schémas sont souvent dysfonctionnels lorsqu'il y a souffrance psychique.

On peut imaginer que l'inconscient c'est cela : l'association entre un stimulus et un comportement lié à des schémas refoulés, c'est-à-dire non accessibles à la conscience immédiate et à la remise en question car faisant partie des postulats essentiels (aussi essentiels que manger calme la faim).

Je ne peux avoir conscience de tout : ni du monde extérieur ni de tout ce qui se passe dans mon corps. La pensée est donc la prise de conscience, mais je peux avoir des sensations ou des perceptions sans traiter l'information de manière conceptuelle.

L'inconscient est probablement un train de pensées irrationnelles qui s'enchaînent si vite qu'on n'y a pas accès. Dans la thérapie rationnelle émotive, on aide justement le sujet à décrypter ces pensées qui ont dirigé ses actes sans qu'il en ait conscience.

La thérapie des schémas de Young permet aussi de décrypter les schémas les plus profonds que les sujets ont et qui sont pour eux des vérités si absolues qu'ils n'en ont aucune conscience. Par exemple, une patiente qui a un schéma d'abandon, et qui dès que son fiancé tarde à revenir de son travail va se trouver désespérée, angoissée, persuadée qu'il ne l'aime plus et cherchera de manière énergique à être rassurée ou alors rejettera son compagnon pour ne pas revivre ce drame de la douleur. Mais elle n'aura aucune conscience qu'en réalité elle revit une situation de l'enfance et que c'est son schéma : « Si quelqu'un s'éloigne, c'est qu'il m'abandonne. » Elle est totalement irrationnelle, souffre mais n'a accès à rien.

Se débarrasser de l'inconscient refoulé ou des pensées irrationnelles permet d'être plus lucide et plus sage.

Cependant, la question de l'inconscient posée par Freud montre que nous ne pouvons par nous-mêmes être totalement lucides en utilisant notre conscience. Nous avons besoin de l'intervention d'un autre et par un lent processus nous pouvons voir la réalité telle qu'elle est et non plus en fonction de nos schémas inconscients.

Cette intervention d'un tiers est un des sujets de cet ouvrage : c'est l'idée que l'homme seul ne peut faire face efficacement au monde actuel où il est livré à lui-même dans sa totale liberté, s'il ne développe pas sa lucidité par-delà ses automatismes.

Cela pose aussi la question de la vérité. L'homme seul peut-il saisir ce qui est universel et son esprit suffit-il à lui donner la vérité ? Même en travaillant sur son esprit, peut-il atteindre une totale lucidité ?

Pour résumer, ce sont les illusions produites par des analyses fausses de la réalité qui produisent la souffrance psychique. Et plus on veut maîtriser son destin et contrôler le cours des choses, plus l'esprit va faire des statistiques et risquer de se tromper car il se base sur des éléments virtuels.

Être en prise avec le réel paraît donc la meilleure voie possible pour sortir de la névrose.

Il semblerait que ce soit plus l'effort de tendre vers plus de lucidité que le résultat lui-même qui peut donner à l'homme son sentiment d'appartenance au monde.

Pourquoi n'agissons-nous pas plus en fonction de nos valeurs ?

Quelles sont les autres conséquences de la névrose hormis nous couper de la réalité et nous donner un sentiment d'impuissance face au chaos de la vie ? En réalité, elle nous empêche d'être efficaces et nous coupe de nos vraies potentialités. J'introduis ici la notion d'efficacité chère à Albert Ellis.

En effet, qu'est-ce qui fait qu'on souffre ? C'est notre inefficacité à trouver la solution qui va nous permettre de nous sentir mieux.

Pour Albert Ellis, les pensées autodestructrices sapent notre motivation à agir efficacement pour nous-même : voir ses amis, demander une promotion, pratiquer l'art que l'on aime, trouver l'inspiration d'écrire...

Nous nous enlisons dans nos ruminations et sommes incapables, parce que nous passons notre temps à réfléchir, de faire réellement ce qu'il y a de mieux pour nous.

C'est en cela que la névrose devient concrètement autodestructrice. Plus je rumine, moins j'agis.

Vouloir fuir les difficultés, les émotions douloureuses, les pensées conduit à en créer d'autres : isolement, repli, agressivité, addictions, échecs professionnels, échecs sentimentaux.

La thérapie ACT (*Acceptance commitment therapy*) fonde de la même manière son modèle sur le fait que c'est parce qu'on est englué dans la lutte contre sa propre souffrance qu'on ne parvient plus à agir efficacement pour soi.

La thérapie ACT a été élaborée par Steven Hayes dans les années 1980-1990 et son premier livre décrivant ce programme est sorti en 1999.

Il a axé son travail sur le fait que ne pas vouloir souffrir conduit à lutter inefficacement contre ses émotions et donc contre soi-même. Que cette lutte génère des pensées autodestructrices en rapport avec le langage employé. Pour ce dernier, le langage influence évidemment l'humeur mais il peut bloquer l'action. La thérapie utilise donc de nombreuses métaphores pour changer son rapport aux expériences en cultivant l'acceptation. La pleine conscience joue un rôle important puisqu'on s'exerce à observer les phénomènes tels qu'ils sont, avec un recul qu'il nomme « défusion ».

L'autre point essentiel est de permettre lorsque l'esprit ne lutte plus, des actions efficaces en direction de ses valeurs.

C'est une thérapie à visée humaniste qui postule que nous sommes tous confrontés à la souffrance, que le bonheur absolu n'existe pas et qu'en améliorant notre rapport à notre vulnérabilité, nous serons plus tolérants, moins autodestructeurs et plus actifs pour des valeurs comme l'amour, le travail, le civisme, etc.

Robert, 55 ans, vient consulter pour une anxiété importante, il dit avoir des crises d'angoisse tous les matins au réveil et souvent le reste de la journée. Il fume beaucoup et boit de l'alcool pour « essayer de se détendre ». En raison de ses problèmes, il a perdu son travail, sa santé est altérée par sa consommation de tabac et d'alcool. Quand nous abordons avec lui le rapport qu'il a à ses émotions, on voit bien qu'il ne supporte pas d'être anxieux et que lutter contre l'angoisse est devenu son obsession avec comme conséquence négative l'inefficacité à agir pour ses valeurs : il ne prend pas soin de sa santé, il a perdu son travail, il s'isole socialement. Un travail d'acceptation de l'émotion anxiété et de ses autres émotions pourrait l'aider à reprendre un peu de contrôle sur sa vie.

Pour mieux comprendre en quoi la névrose nous détourne de notre bon sens et de l'idée de mener au mieux sa vie, je vous propose l'image d'un bateau.

Vous décidez de traverser l'océan.

Il vaut mieux admettre que traverser l'océan va impliquer d'affronter des vagues, voire de grandes tempêtes. Si vous voulez que ce soit calme comme un lac, vous serez souvent frustré inutilement.

Eh bien l'océan c'est la vie : vouloir que la vie soit paisible et sereine, sans difficultés est totalement irrationnel. Si on prend l'océan et qu'on s'énerve à chaque vague, à chaque tempête, on va perdre son énergie pour rien. Le préalable est donc de considérer qu'il va y avoir des difficultés mais qu'il vaut mieux y faire face le plus efficacement possible. Pour cela, il faut savoir naviguer d'une part, et définir son cap d'autre part.

Prendre l'océan sans cap revient à dériver en permanence et finir par sombrer.

Avancer dans la vie sans savoir ce qui nous anime profondément, c'est-à-dire nos valeurs, est extrêmement douloureux.

D'une manière subtile, cela rejoint ce que je disais plus haut du monde d'aujourd'hui : nous avons de grands espaces de pensée, et sommes donc confrontés tout le temps au choix de notre destin. Nous sommes irrémédiablement confrontés à notre liberté et la plupart du temps, l'accès à l'esprit qui est vécu comme tragique est l'opportunité la plus grande pour accéder à nos désirs profonds, à notre être, à notre liberté. Ce cap, ce sont nos valeurs. Nous devons les toucher absolument et si, dans la thérapie ACT, on propose d'y réfléchir, je crois que c'est l'individu seul qui sait ce qui l'anime lui, dans sa singularité.

Dans les systèmes totalitaires, tout était dicté d'avance pour les individus. L'humain n'avait pas à réfléchir. Aujourd'hui, en Occident, il n'a aucun repère et il est son seul guide. Et il doit, seul, définir son cap, ce qui n'est pas simple.

Il ne peut se priver de son esprit. Et trouver son cap revient à donner un sens à sa vie. Or ce sens s'il n'est plus guidé par des dogmes extérieurs est *a priori* difficile à trouver. *En thérapie, à un moment ou à un autre, on en arrive toujours à cette question cruciale du sens de la vie.*

Les valeurs proposées dans l'ACT (thérapie d'acceptation) comme la famille, les loisirs, la santé, le travail, le couple, être parent sont tout à fait valables. Mais il me semble qu'on peut penser en termes de besoin d'instant en instant. Je m'explique : ici et maintenant, si j'observe ce qui se passe en moi et mon besoin réel et profond du moment, je vais noter que j'ai envie d'écrire un chapitre de mon livre. Mais tout à l'heure il se peut que mon besoin soit de voir une amie qui m'a manqué. Et demain peut-être ce sera de faire un peu de sport.

Naturellement, intuitivement, si on est vraiment libre de toute contrainte conceptuelle et mentale, nous avons des besoins qui se réinventent d'instant en instant et qui sont les meilleurs guides de nos actions. Or, souvent, on ne les écoute pas.

Les gens ont peur s'ils écoutent leurs besoins de faire n'importe quoi, d'avoir une vie chaotique. Ce n'est pas impossible, mais en réalité je crois qu'il faut faire confiance à la nature humaine et croire que notre guide intérieur est fondamentalement bon et cohérent. Sinon il n'y a plus qu'à devenir des moutons et ne jamais décider ! Et cette notion d'écoute de son guide intérieur est bien entendu en rapport avec la liberté individuelle.

Certains pensent aussi que l'écoute des besoins correspond à vouloir se faire plaisir tout le temps. Pas du tout, le besoin n'est pas l'envie. Je peux avoir besoin de me reposer alors que l'on me demande une tâche au travail. Il est alors question de mettre en balance deux besoins : mon besoin de me reposer et mon besoin de garder de bonnes relations avec mon patron ou de mener à bien mon dossier. À ce moment, je peux choisir de proposer une solution qui intègre ces données-là et demander une pause de quinze minutes avant de m'atteler à la tâche parce que ma concentration n'est pas suffisante.

Si l'on vit ainsi en pas à pas, il y a de fortes chances que notre vie prenne la couleur de notre être et de notre singularité.

Revenons à notre métaphore du bateau afin d'illustrer un peu plus la manière dont on peut développer une autre intelligence de vie.

Nous décidons de prendre l'océan et de naviguer vers un cap.

Nous allons donc devoir tenir le gouvernail, même dans les plus grandes tempêtes. Chaque tempête étant unique, elle va demander une grande vigilance, une grande présence pour ajuster les voiles au vent par exemple.

Être présent et garder à l'esprit son cap demandent une grande stabilité intérieure et une grande lucidité.

La névrose, c'est le contraire de cela : on lâche le gouvernail parce qu'on a peur, on pense qu'on ne va jamais y arriver, on pense à toutes les tempêtes futures qui nous attendent, on essaye de naviguer en fonction de la tempête précédente...

Notre esprit s'emballe, s'obscurcit, nous perdons notre concentration et dérivons sans aucune maîtrise de la situation. En fait, nous suivons des pensées automatiques confuses engendrées par la situation qui sont contraires à une vraie réflexion.

En résumé, la confusion de l'esprit si elle n'est pas maîtrisée par un certain recul, conduit à perdre le contrôle de sa vie et à finalement se sentir désœuvré, sans ressources.

Pourtant, le monde d'aujourd'hui nous invite à être des individus libres et c'est avec son esprit qu'on peut reprendre un peu de contrôle.

Comme nous le soulignions précédemment, la psychothérapie permet donc d'entrer dans un rapport différent à ses pensées, en apprenant à naviguer en eaux tumultueuses sans perdre son cap. Elle aide également le sujet à définir son cap.

Il apparaît donc qu'elle joue un rôle crucial aujourd'hui et que cela explique le succès grandissant des psychothérapies.

CHAPITRE 3

Qu'est-ce qu'une psychothérapie et en quoi peut-elle être utile à tous ?

Il m'a paru important de réfléchir à ce qu'est réellement une psychothérapie. En effet, lorsque nous nous confrontons aux personnes qui consultent, leurs demandes sont si multiples que nous ne pouvons nous laisser emporter par les désirs de chacun.

Il m'est apparu clairement que lorsque je croyais bien faire dans mes débuts, que le patient avait l'air content ou bien m'aimer, je n'avais en rien résolu ses problèmes profonds, et il pouvait continuer de me paraître infantile, manquant de confiance en lui, impulsif, etc.

Je commençais à être animée du désir de soigner définitivement et radicalement mes patients. Qu'ils ne soient plus des névrosés. Bien entendu, cela n'a pas toujours marché mais, au fur et à mesure de mes réflexions et formations, je voyais la possibilité de soulager vraiment les personnes et les voir devenir libres et sereines.

Penser mieux pour s'adapter au monde d'aujourd'hui, être libre et sincère

Aujourd'hui il m'apparaît clairement que le but d'une psychothérapie doit être l'*autonomie* du sujet. Le sujet doit devenir autonome, c'est-à-dire pouvoir naviguer seul sur l'océan même le plus difficile et dans les tempêtes ardues. Et cesser d'être autodestructeur, ce qui va de pair. Ne plus rien faire de son propre chef qui lui nuise ou lui crée de la souffrance.

Il doit devenir le roi dans son royaume. Cela induit la notion d'une liberté radicale.

Le but d'une psychothérapie a un rapport avec la liberté du sujet.

Par ailleurs, l'autre but est de *savoir entrer en relation avec les autres de manière saine* : savoir aimer, être aimé. Savoir exprimer ses besoins de manière adéquate.

Quand on interroge les patients sur la raison qui les pousse à aller voir un psy, on remarque que les réponses sont confuses. « Parler, parce que je ne vais pas bien… pour avoir du soutien. »

Il est alors normal que tout le monde puisse se déclarer psychothérapeute à partir du moment où il est capable d'endurer l'écoute de la souffrance des autres et de faire du bien, telle une drogue qui nous couperait de la douleur du moment. Ce besoin d'écoute ouvre la voie à toutes sortes de spiritualités quelles qu'elles soient et, bien évidemment, aux dérives sectaires.

Mais est-ce vraiment cela une psychothérapie ? L'étymologie est « soigner par la psyché ». Qui est Psyché ? Une déesse qui symbolise l'âme, mais en réalité la vie dans son ultime déploiement, et qui est mariée à Éros ou Cupidon.

Donc, la psychothérapie consisterait à se lier à Psyché, à ce qu'elle a de plus vivant et sublime pour renouer avec la vitalité et la pureté.

Psyché, d'ailleurs, passe son temps à vouloir mourir devant les épreuves que la vie lui offre et à renaître dans sa grâce pour connaître enfin la sérénité.

Une psychothérapie donnerait alors à un sujet la possibilité de parcourir le chemin de la vie à la façon de Psyché afin de vivre de tout son être sans jamais se renier, en ayant la capacité de se relever de ses blessures et en donnant au monde ce qu'il a de meilleur. Enfin Psyché s'unissant à Éros, l'aboutissement de toute psychothérapie pourrait être l'ouverture à l'amour véritable.

Cette vision de la psychothérapie m'anime désormais : liberté et accès à l'amour véritable.

TOUT LE MONDE PEUT-IL GUÉRIR DE LA NÉVROSE ?

Certains patients difficiles donnent l'impression qu'on ne peut rien pour eux.

Au début de ma pratique, beaucoup de patients me paraissaient immatures, j'étais certaine de ne rien pouvoir faire avec eux.

La découverte des travaux d'Alice Miller sur les conséquences du manque d'amour parental ou la maltraitance, mais aussi la thérapie des schémas de J. Young, très efficace dans le domaine des troubles de la personnalité, m'ont permis de mieux saisir ces patients fragiles et de comprendre que le mode de relation que j'avais avec eux était délétère. Je reviendrai plus loin sur la description de ces travaux.

En effet, si le patient avait été éduqué de manière à s'assujettir au désir de ses parents, il pouvait, avec moi, le thérapeute, faire tout ce que je lui disais, devenir absolument un bon patient et me donner l'impression d'aller très bien pour que je ne le rejette pas. N'ayant pas conscience de ce schéma profond chez lui, je pouvais me laisser berner.

En abordant la thérapie de cette manière, il me devenait de plus en plus évident que la relation thérapeutique était centrale dans le soin.

J'ai donc appris à interagir différemment et je suis convaincue qu'il n'y a pas de mauvais patients, mais des thérapeutes pas encore assez formés. Nous devons donc toujours nous former et nous former encore, et il existe venant des États-Unis, du Canada ou d'ailleurs des outils très puissants qui peuvent nous aider à amorcer une relation humaine véritable avec quasiment n'importe quel patient, surtout s'il souffre de trouble névrotique, pour l'amener à devenir plus rationnel et lucide afin de déployer tout ce qu'il est dans sa richesse.

En résumé, le but de la psychothérapie est que le patient devienne autonome et accède à son être véritable, à son authenticité et sa liberté, pour pouvoir agir sa vie comme il le souhaite et avoir des relations authentiques et sincères avec les autres. Et c'est en travaillant sur les pensées irrationnelles et sur la relation thérapeutique que l'on peut l'y amener.

L'articulation d'une psychothérapie doit donc tenir ce cap. Les moyens sont nombreux.

Or, aujourd'hui, il semble que la plupart des êtres humains soient coupés d'eux-mêmes, de leur être. La société matérialiste offre de nombreux moyens de divertissement mais ne privilégie plus les valeurs humaines, d'écoute, de respect, d'ouverture du cœur. Nous manquons de repères, nous n'avons plus de rites qui soudent la communauté. Nous sommes livrés à une individualité qui tend à nous faire penser que nous sommes les seuls maîtres de notre destin, comme nous l'avons souligné plus haut.

Il y a donc un paradoxe apparent à dire qu'aujourd'hui nous avons à travailler à être plus libres. Mais il s'agit ici d'une *liberté d'être et non une liberté d'avoir* ou de posséder. Être libre réellement ne signifie pas avoir tout ce qu'on veut. Il s'agit en réalité de pouvoir exprimer ce que l'on ressent véritablement. Il s'agit de pouvoir faire des choix qui nous correspondent et de réinventer sa vie jour après jour ; c'est-à-dire ne se conformer à aucun cliché, à aucun diktat, ni physique, ni moral, ni matériel. Et cette liberté implique aussi de vivre sa solitude comme une chance plutôt que comme un échec. Il s'agit aussi d'une liberté de penser par soi-même et non en fonction de ce que la publicité et les magazines nous imposent. Il y a de vraies pressions des lobbies mercantiles pour nous faire adhérer à ce que, spontanément, on ne croirait pas. Par exemple, je ne pense pas spontanément que porter un jean slim et arborer un sac à main Fendi me soit nécessaire. Mais si je feuillette des magazines féminins, il me semble totalement indispensable si je veux être « à la page » d'adopter ce style vestimentaire.

La liberté consiste à identifier ses propres et réels besoins. Elle demande donc un esprit critique et de n'écouter que son cœur. Or souvent, pressés, harcelés, surmenés, nous ne prenons plus le temps de nous écouter et réagissons de façon automatique.

C'est pourquoi il semble que faire un travail sur soi soit utile si on présente des troubles psychiques, ou si l'on subit trop de stress, mais aussi pour devenir un être humain véritable, avec de vraies valeurs qui prendra pleinement sa place dans ce monde.

On peut alors se demander comment faire, quelles sont les étapes pour prendre par la main la personne qui souffre et l'amener à cette liberté maîtrisée ?

Il faut comprendre que l'on part d'un point pour arriver à un autre point.

Les étapes d'une psychothérapie

Le thérapeute doit donc être absolument conscient de là où est le patient. Il s'agit de la démarche diagnostique. Établir un diagnostic psychologique est une tâche complexe et dépend du point de vue théorique adopté par le thérapeute. Mais lorsque, en tant que psychiatre, on pratique des thérapies cognitives et comportementales, on se réfère à un système de classification des maladies tel que le *DSM-IV* et la *CIM-10*[1]. Ces classifications sont critiquables, car elles sont parfois limitées et n'ont pas une approche suffisamment « dimensionnelle », mais elles aident à définir le type de prise en charge que l'on va faire.

Pour mieux expliquer cette idée, je vais prendre un exemple : un patient présente tous les critères d'un épisode dépressif mais il est aussi anxieux et a quelques traits de la personnalité narcissique, je ne peux donc définir un diagnostic définitif précis et unique. Toutefois, je sais qu'il y aura plusieurs axes sur lesquels travailler, d'abord traiter la dépression par exemple, puis définir quel est son type de trouble anxieux, ensuite nous travaillerons plus profondément sur les schémas qui construisent sa personnalité narcissique.

Les catégories diagnostiques qui sont étayées par des questionnaires validés, nous aident donc à y voir plus clair et à cibler nos prises en charge. Mais il est vrai que la troisième vague des thérapies cognitives et comportementales bouleverse un peu notre démarche puisqu'elle stipule qu'il y a un noyau commun à de nombreux troubles : la non-acceptation des états émotionnels douloureux. Nous sommes donc là plutôt dans une approche dimensionnelle qui tend à dire que les grands dépressifs luttent plus contre leurs émotions que quelqu'un qui a juste un souci de gestion du stress au travail.

Par ailleurs, les psychothérapeutes remettent parfois en question leurs diagnostics au cours du traitement au

1. American Psychiatric Association, *DSM-IV-TR. Manuel diagnostique et statistique des troubles mentaux*, Paris, Masson, 2003. Organisation mondiale de la santé, *CIM-10/ICD-10. Descriptions cliniques et directives pour le diagnostic*, Paris, Masson, 1993.

fur et à mesure qu'ils approfondissent leur connaissance du patient. La discussion, le doute sont donc toujours nécessaires et on ne peut définitivement catégoriser un humain.

Ainsi, la psychothérapie est un art où l'on intègre la théorie, les connaissances cliniques et une part de notre intuition de thérapeute. Nous devons donc toujours rester modestes et prudents mais rigoureux malgré tout.

On pourrait se dire : « Mais alors à quoi cela sert-il de poser un diagnostic ? »

Le diagnostic est très important car les symptômes cliniques sont bien réels.

Une personne déprimée peut réellement se suicider.

Une personne anorexique a réellement un comportement problématique avec la nourriture.

On doit donc partir de ces symptômes-là qui sont les conséquences de l'irrationalité névrotique, pour petit à petit déployer l'esprit du patient, ses schémas, son rapport à lui-même.

En gros, le symptôme, c'est ce que nous sert celui qui consulte et qui est en fait une parole, une monstration au monde. On doit s'en saisir, lui donner sa place pour comprendre ce que cette parole dit réellement. Nier les symptômes reviendrait à ne rien faire pour le patient et lui servir des solutions universelles qu'il n'arriverait pas à appliquer. On doit donc « coller » au symptôme pour le faire disparaître. Le symptôme serait comme une énigme qui nous permettrait de trouver la clé du fonctionnement psychique plus profond. Savoir décrypter l'énigme est donc crucial.

> Mlle B. a 22 ans. Elle consulte car elle n'a pas confiance en elle, et aussi parce qu'elle a des grands moments d'angoisse où elle a l'impression qu'elle va mourir d'étouffement. On diagnostique un trouble panique, c'est-à-dire qu'elle a des attaques de panique régulières. Sa première attaque de panique remonte au jour où elle a fumé du cannabis et a eu un « bad trip ».
> Depuis, elle a peur d'avoir peur, anticipe la survenue possible des crises et, lorsqu'elle sent une angoisse, même minime, l'attaque se déclenche.

Voilà donc le symptôme. Il nous permet de mettre des mots sur ses troubles. Nous abordons le traitement de façon classique : créer des conditions d'hyperventilation pour reproduire l'attaque de panique et nous lui montrons qu'il n'y a aucun risque de mourir. Nous lui montrons le blocage respiratoire qui permet de ralentir la fréquence respiratoire et donc de diminuer le sentiment de panique associé à la fréquence respiratoire élevée.

Cela l'aide beaucoup. Mais nous abordons également avec elle sa tendance à fuir les états émotionnels douloureux, à ne pas supporter de perdre le contrôle devant les autres.

L'acceptation des émotions par des techniques de pleine conscience l'aide donc aussi. Et nous voyons que son manque de confiance en elle est aussi en lien avec son exigence et son perfectionnisme qui conduisent à un surcontrôle émotionnel.

Peut-on considérer que la patiente est guérie si elle ne fait plus d'attaques de panique ? Je ne le pense pas. En tout cas nous avons à notre disposition des outils pour aller plus loin avec elle.

Aborder ses schémas de perfectionnisme, lui apprendre que les émotions, c'est humain ; qu'elle a le droit d'être vulnérable et fragile... Qu'elle peut être elle-même en quelque sorte.

La question de la guérison est celle des symptômes pour lesquels le patient consulte.

Mais ici je voudrais soulever un point important : si une patiente consulte parce qu'elle a des angoisses et que nous diagnostiquons un trouble d'anxiété généralisée, la guérison correspondra à la disparition de la tendance à toujours anticiper les catastrophes possibles à être tendue, etc., mais l'émotion anxiété qui est inhérente à l'être humain, elle, ne sera pas annulée ou guérie. Se sentir anxieux n'a rien de pathologique. Les émotions fluctuent d'un jour à l'autre et même dans une même journée. Mais c'est l'impossibilité d'accepter d'être anxieux qui génère de la lutte et augmente l'émotion douloureuse.

En fait, je le répète, l'approche de la troisième vague qui pointe le travail sur l'acceptation de la souffrance et l'acceptation des pensées comme des phénomènes éphémères modifie notre rapport à la maladie mentale. Peu importent les symptômes, le tout est d'apprendre au sujet à ne plus lutter.

Il semble donc que ce que l'on tend à obtenir, c'est que le sujet ne lutte plus, qu'il accepte la réalité, qu'il accepte qu'il ne peut maîtriser l'entièreté de son destin et soit plus doux avec lui-même.

Il s'agit donc de l'amener à être libre et authentique, à accepter sa vulnérabilité, à s'ouvrir aux autres sans se préoccuper de sa représentation.

Cela traduit un *changement radical d'attitude du thérapeute* : il ne cherche plus de solution pour soulager le patient et le faire changer mais au contraire lui apprend à être véritablement et à traverser ses émotions douloureuses comme des interactions nécessaires avec son environnement.

Il doit donc avoir lui-même un certain rapport à cela. Il doit en permanence travailler sur son propre esprit et être le plus sincère, le plus authentique possible car il est un modèle. Par ailleurs, sa propre liberté lui permet d'accepter inconditionnellement son patient. Il ne doit pas dépendre de son approbation. Là encore, la thérapie des schémas est très utile pour le thérapeute. Si par exemple le thérapeute ne décèle pas qu'il a un schéma d'abnégation, c'est-à-dire qu'il est trop touché par la souffrance de l'autre et se sacrifie trop au détriment de ses propres besoins, il risque de ne pas savoir mettre de limites aux désirs du patient et finir par ressentir de la colère envers lui à un moment du soin.

En fait, ce que j'essaye de formuler, c'est que si l'on se fixe comme but unique de guérir le symptôme, c'est possible mais ce but ne me semble pas suffisamment ambitieux. Je pense qu'on peut viser l'objectif suivant : une thérapie est terminée lorsque les patients sont guéris du symptôme qui les a amenés à consulter, mais aussi lorsqu'ils sont authentiquement eux-mêmes et qu'ils sont de véritables êtres humains, le cœur ouvert, acceptant leur part de vulnérabilité et sachant être en relation avec les autres de manière adéquate. Nous avons les moyens et les outils pour aider à atteindre cet objectif, alors pourquoi s'en priver ?

En résumé, toute psychothérapie doit commencer par une évaluation de la symptomatologie du patient à l'aide de questionnaires ou d'outils adaptés. Il faut que ce diagnostic soit objectif et validé avec le patient. C'est la démarche centrale des thérapies cognitives et comportementales qui évaluent par l'analyse fonctionnelle les symptômes avant de proposer un soin sur mesure. Et on évalue en permanence les résultats. Par ailleurs, le thérapeute doit être conscient de ses propres schémas afin de ne pas se laisser piéger par la relation avec son patient.

VOIR LA RÉALITÉ EN FACE

Une fois que l'on sait où en est le patient – souffre-t-il d'un problème d'estime de soi ? est-il en dépression ? s'agit-il d'un problème de harcèlement moral ? a-t-il un trouble de la personnalité ? –, nous pouvons commencer le travail sur les pensées et le comportement. Il faut en quelque sorte coller au plus près des symptômes, en ayant une perspective à la fois théorique et individuelle.

Nous prenons le sujet par la main et l'amenons tout d'abord à faire face à lui-même plutôt que de se fuir. Cela veut donc dire faire face à sa souffrance.

Ce que nous faisons en psychothérapie est très simple : *nous déployons la vérité*. On met le nez dans le réel en permanence. Dès qu'une idée est abstraite ou conceptuelle ou irrationnelle, avec le patient, nous décortiquons les fondements de cette idée jusqu'à ce qu'il se rende compte qu'elle n'est fondée sur rien.

Par exemple, un patient qui pense qu'il est nul va, avec le thérapeute, évaluer sur une échelle de 1 à 100 à quel point il est nul, est-ce à 100 %, est-ce est à 0 %, etc. ? Où situe-t-il sa mère, ses collègues ? Nous faisons cette réévaluation de la réalité jusqu'à ce qu'il se rende compte que « nul » ne veut rien dire...

Les pensées irrationnelles sont liées au fait de vouloir résoudre des problèmes, chercher des solutions, anticiper, ruminer sur le passé. Ce sont des concepts et la meilleure façon de faire sauter les verrous, c'est de nettoyer les concepts, de se confronter au réel.

Nous lui apprenons donc à avoir un autre rapport à ses pensées, c'est-à-dire à douter de ce qu'elles racontent et à prendre plus de recul pour voir au-delà de ce qu'elles racontent.

Nous utilisons la thérapie cognitive, la thérapie des schémas parfois, des outils sur les émotions et la méditation comme accès à l'esprit.

En effet, le traitement des névroses c'est se confronter au réel et la méditation est bien une voie royale pour y accéder.

Et l'on peut poursuivre le travail jusqu'à obtenir si possible *une autonomie du sujet, une vraie liberté et de meilleures relations avec les autres,* ce qui est la perspective de la troisième vague des thérapies cognitivo-comportementales et de nouvelles thérapies émergentes venant d'outre-Atlantique.

QUELLE EST ALORS LA PLACE DES MÉDICAMENTS ?

Même si l'utilisation des médicaments est parfois trop importante, notamment l'utilisation des anxiolytiques qui n'ont pas grand intérêt puisqu'ils sont un couvercle sur les émotions, les antidépresseurs peuvent être très utiles pour aider à la psychothérapie.

Les antidépresseurs de dernière génération sont très bien tolérés, ils peuvent être arrêtés sans risque de manque, même si on doit les arrêter doucement. Les gens confondent souvent antidépresseurs et anxiolytiques qui sont fréquemment prescrits concomitamment et qui eux sont de véritables drogues qui peuvent induire une dépendance. La multiprescription crée donc une confusion sur les médicaments dans le grand public. Or, vraiment, les antidépresseurs sont des atouts de choix.

Ces antidépresseurs peuvent être une béquille pour aider à la psychothérapie. En effet, ils ont un effet parfois assez rapide sur la tendance à voir tout en noir et permettent d'avoir l'esprit plus libre et une meilleure concentration pour se consacrer au travail sur son esprit.

Beaucoup de personnes ont peur de ne plus ressentir d'émotions si elles en prennent. En réalité, par expérience, c'est assez rare que les personnes changent radicalement. Mais il est vrai que tant qu'on peut se passer de traitements c'est préférable.

Par ailleurs, dans le domaine des psychoses (comme la schizophrénie) ou les troubles bipolaires, nous ne pouvons nous passer des traitements chimiques, qui aujourd'hui offrent un vrai confort de vie à ceux qui auraient passé leur vie dans les hôpitaux sans cela.

C'est dans le domaine des névroses que l'on peut parfois s'en passer, mais savoir à quel moment prescrire est absolument nécessaire.

Déroulement d'une thérapie intégrative : le cas de Thierry

Je propose un cas fictif, synthèse de plusieurs cas rencontrés, afin d'avoir une idée du déroulement d'une psychothérapie intégrative et ses articulations. Il ne s'agit pas d'une recette universelle, mais juste une illustration de ce qui peut se passer dans une consultation où l'on utilise les outils récents en psychothérapie, afin de saisir ce dont il s'agit.

Thierry est un homme de 43 ans. Il est patron d'une grande entreprise. Il consulte car ça ne va plus trop avec sa femme, ils se disputent souvent, quant au travail il se sent moins compétent. Il se sent épuisé par ses responsabilités et n'a plus goût à grand-chose.

Le premier entretien est une prise de contact, mais aussi sert à établir un diagnostic premier de ses symptômes.

Nous apprenons qu'il a déjà connu deux épisodes dépressifs : l'un lors de son échec à l'entrée au concours d'HEC, puis l'un lorsque sa première femme l'a quitté.

Ses parents l'ont élevé avec beaucoup d'exigences de réussite et son père, lui-même brillant entrepreneur, était plutôt autoritaire avec lui et parfois violent physiquement (il le battait avec une chaussure ou un martinet parfois sans raison).

Sa mère a connu plusieurs dépressions dans sa vie.

Thierry s'est marié deux fois, il a deux enfants de son premier mariage et un enfant de son épouse actuelle.

Au moment où il consulte, il présente de nouveau des symptômes dépressifs : il est fatigué, il a du mal à se réveiller le matin et du mal à s'endormir le soir, il a perdu l'intérêt pour ses activités habituelles, notamment de loisir : il ne joue plus au golf comme avant, il ne voit plus ses amis.

Cela a commencé il y a six mois environ, sans que l'on puisse détecter de facteur déclenchant précis si ce n'est peut-être l'arrivée d'un collaborateur brillant et un peu agressif qui le remet souvent en question sur ses compétences.

Il n'est pas suicidaire. Nous écartons une urgence qui conduirait à l'hospitaliser.

Lorsqu'on lui demande ce qu'il voudrait changer dans sa vie, il répond : être plus heureux, profiter plus de l'instant présent, avoir plus confiance en lui, se consacrer plus à sa femme et ses enfants et retrouver le goût pour ce qu'il aimait avant.

La question qui se pose lors de ce premier entretien est bien sûr comment procéder pour l'amener à ce qu'il souhaite. Quelle direction allons-nous prendre avec lui ? Comment le sortir de sa dépression mais aussi le rendre à lui-même ?

Nous entrevoyons qu'en réalité ses problèmes sont plus anciens que les six mois qui se sont écoulés. On voit bien que son problème de confiance en lui remonte à son adolescence. Il paraît évident que si l'on doit traiter l'épisode dépressif actuel, nous devons aussi l'aider à changer quelque chose de plus fondamental dans son rapport à lui-même, aux autres et au monde. Nous avons donc en tête les pistes suivantes :

- traiter la dépression ;
- aborder l'estime de soi et comprendre pourquoi il n'a pas confiance en lui, c'est-à-dire pourquoi son rapport à lui-même est si critique. On ne peut éluder donc la construction de sa personnalité et ses schémas, ainsi que son enfance ;
- puis nous devons lui apprendre à faire face à son quotidien autrement que dans un rapport névrotique, c'est-à-dire réussir à se sentir libre.

La deuxième consultation sera consacrée à l'exploration du concept d'estime de soi.

Je vais parler là de quelque chose d'assez particulier sur les fondements d'une bonne estime de soi : le rôle de l'éducation et du climat dans lequel l'enfant grandit.

Alice Miller, Isabelle Filliozat, Jeffrey Young mais aussi Piaget, fondateur de la théorie constructiviste, ont tous émis l'idée que *les parents sont les éducateurs à l'amour et à la confiance en soi.*

Il est surprenant que ce soit encore peu admis. On ne sait pas à quel point les premières années de vie, jusqu'à l'âge de 10-12 ans sont cruciales pour la construction de la personnalité de l'enfant et conditionneront sa vie future. On ne peut donc aborder l'estime de soi sans en explorer les racines.

La façon dont un enfant a été aimé va conditionner l'image qu'il a de lui-même. C'est la mère mais aussi le père qui représentent le miroir de ce que vaut l'enfant. S'ils sont mécontents de l'enfant, angoissé par lui, s'ils le maltraitent, alors l'enfant va se conditionner une image de lui-même en rapport avec ce qu'ils lui renvoient.

Je vais donc détailler un peu leurs travaux avant de reprendre le cours du suivi de Thierry.

Nous pourrons ainsi comprendre un peu mieux son histoire.

L'IMPORTANCE DE L'ÉDUCATION ÉMOTIONNELLE POUR LA VIE FUTURE OU POURQUOI CERTAINS SOUFFRENT PLUS QUE D'AUTRES

Qu'est-ce que l'amour véritable et comment un parent doit-il aimer son enfant pour qu'il ait plus tard confiance en lui et puisse s'épanouir ?

Tout d'abord, je propose l'idée que les parents sont les éducateurs à l'amour. C'est leur rôle fondamental. Ce sont les éducateurs à la relation par extension. *Le foyer familial permet d'apprendre à interagir avec d'autres humains*, à les respecter, à s'ouvrir à eux, à leur faire confiance et aussi à se traiter bien soi-même, à s'ouvrir, à s'exprimer.

Ainsi, si dans une famille l'enfant ne peut s'exprimer, il ne saura pas s'exprimer plus tard correctement, notamment face à un patron par exemple, ou pour donner une conférence.

Si, dans une famille, l'enfant est traité d'« idiot », de « nul », alors il gardera cette image de lui-même et ne pourra s'affirmer, sera mal dans sa peau et choisira des amis ou des partenaires amoureux qui le maltraiteront.

Si l'enfant est battu, humilié ou violé, il apprendra qu'il ne mérite pas mieux et aura une idée des rapports humains basée sur la violence, l'exigence et le peu de considération. Il se comportera alors parfois ainsi lui-même.

La famille est donc un terreau d'apprentissage de l'humain et de l'amour. Des parents aimants qui donnent le mieux à leurs enfants se présentent comme des modèles d'humains qui sont dignes et qui se respectent eux-mêmes. À ce sujet, si on considère les travaux de Bandura sur l'apprentissage, on ne peut nier l'importance de l'apprentissage vicariant, c'est-à-dire par modèle. Les parents sont un modèle que les enfants imitent.

Les parents doivent par ailleurs aimer leur enfant sans conditions. Sinon, si les parents font dépendre leur amour d'une bonne note à l'école, ou d'un critère esthétique, l'enfant va penser que s'il a un échec, ou s'il n'est pas parfait physiquement, il ne vaudra rien. Son estime de lui se basera sur la recherche d'approbation et de reconnaissance, donc sur les réponses des autres et non sur ce qu'il est réellement.

Alice Miller, dans *Le Drame de l'enfant doué*[1] parle bien de cette construction du « faux self » où l'enfant n'est pas authentique pour pouvoir plaire à ses parents et continuera toute sa vie à donner une image de lui pour plaire aux autres plutôt que d'être vraiment lui-même.

1. Alice Miller [1979], *Le Drame de l'enfant doué*, Paris, PUF, 2008.

Lorsqu'on aborde la question de l'amour, on se rend compte que c'est un sujet très délicat et complexe.

Alice Miller, au sujet de la maltraitance explique comment un enfant qui a été battu par ses parents peut continuer à penser que ses parents l'ont aimé. Car il lui est impossible de renoncer à être aimé de ses parents étant donné qu'il a besoin d'eux pour survivre. Ainsi, l'enfant va se construire une idée fausse de l'amour : aimer, c'est être exigeant avec l'autre. Aimer, c'est ne rien pardonner. Aimer, c'est faire souffrir l'autre et ne pas l'écouter. Souvent l'enfant va ensuite se traiter de la même manière : ne pas s'écouter, s'autocritiquer sans cesse, se punir avec des conduites autodestructrices... Et choisir des partenaires maltraitants.

On voit donc pourquoi il est très important de travailler sur la notion d'amour en thérapie.

Si on apprend au patient à renouer avec une idée saine de l'amour, de la relation, il va alors pouvoir petit à petit développer envers lui-même plus de douceur. Mais cela passe par une étape difficile qui est la critique du modèle parental, c'est-à-dire admettre qu'ils n'ont pas été parfaits et aussi admettre la souffrance de l'enfant à cette époque-là.

On apprend au sujet à accepter que l'enfant était sain et qu'il avait le droit d'être ordinaire, avec des émotions, de la fragilité et qu'il n'était pas coupable de cela. On l'amène progressivement dans un rapport d'acceptation de ses émotions, ce qui rejoint les outils dont nous avons déjà parlé sur l'acceptation des émotions douloureuses.

En effet, il se peut que l'origine de la non-acceptation des émotions soit justement ces situations d'enfance.

Comme l'enfant ne pouvait exprimer sa tristesse, pleurer ou être en colère, alors il a appris à raisonner, à réfléchir lorsqu'il ressentait une émotion pour tenter de résoudre le problème. Ainsi, il a été conditionné à réfléchir pour refouler les émotions plutôt que de les vivre.

D'ailleurs, la thérapie des schémas de Young est axée sur le « reparentage » sain, sur l'apprentissage d'une attitude bienveillante envers l'enfant en souffrance qui a été humilié et blessé.

Ce travail-là a forcément un impact sur la façon dont le sujet va entrer en relation avec les autres, donc un impact sur sa vie relationnelle.

Le rôle des parents n'est pas de faire en sorte qu'il ait des bonnes notes à l'école, c'est plutôt le rôle de l'école mais de lui donner envie d'apprendre, d'être curieux à la vie, d'avoir envie de s'ouvrir au monde, par le fait de l'accepter tel qu'il est.

Ainsi, si l'enfant a une bonne estime de lui-même, s'il a confiance dans ses propres jugements, s'il est à l'aise avec ses camarades, s'il sait s'exprimer, il y a de fortes chances qu'il navigue dans la vie avec aisance et assurance et qu'il fasse son chemin pour être heureux.

Or, souvent, les parents oublient l'importance d'une bonne estime de soi, privilégiant la pression en vue de la réussite.

On voit donc des adultes ayant réussi beaucoup de choses s'effondrer lors d'un échec minime ou une rupture sentimentale car, en réalité, ils n'ont jamais fait leurs choix propres, ne se sont jamais aimés et n'ont parfois jamais su connaître l'amour en couple car ils n'ont pas été éduqués à ce qu'est véritablement aimer un autre être.

C'est un peu le cas de Thierry.

Lors de la deuxième séance nous abordons donc son estime de lui et l'on voit que ses parents étaient très sévères, ne le laissaient jamais s'exprimer, attendaient de lui qu'il réussisse à l'école. Son père le frappait régulièrement en lui disant que c'était un moins que rien.

Thierry a donc développé l'idée qu'il n'était pas valable et, pour compenser son sentiment profond de honte et d'imperfection, a travaillé d'arrache-pied. Il a raté le concours d'HEC, ce qui lui a valu le mépris de son père : « Je te l'avais dit », mais a réussi une autre école. Il ne pouvait pas faire autrement que d'être patron, il a donc réussi cela.

Il s'est marié avec une fille « de bonne famille » et son premier mariage a été un échec car ils ne s'aimaient pas. Son deuxième mariage tient la route. Son épouse est gentille, jolie et il a l'impression d'avoir fait le bon choix. Cependant, ils ne se parlent presque jamais ; il ne lui a jamais confié ses doutes. Il lui donne toujours l'image du bon père de famille qui réussit tout. Il ne peut envisager de ternir son image à ses yeux.

On voit donc très rapidement que Thierry a des schémas concernant sa vision de lui, des autres et du monde qui sont hérités de son enfance : exigence, perfectionnisme...

COMMENT « DÉPROGRAMMER » LE DISQUE DUR ET DEVENIR PLUS LIBRE ET AUTHENTIQUE : LA THÉRAPIE DES SCHÉMAS ET L'EMDR

La thérapie des schémas de Young

Jeffrey Young a élaboré une thérapie basée sur l'identification des schémas dysfonctionnels qui est très éclairante pour repérer précisément les schémas des personnes et les aider à en sortir.

Le questionnaire des schémas en 205 questions permet de cibler rapidement avec le patient ses traits de personnalité qui sont dysfonctionnels.

Les schémas sont des lois qui nous font voir le monde d'une certaine manière. Ce sont un peu des lunettes avec lesquelles on voit le monde. Plus ils sont rigides, plus les lunettes sont teintées d'une seule couleur et on voit le monde de la seule couleur du schéma. De plus, les schémas adorent alimenter ce qu'ils racontent. Par exemple, si j'ai un schéma de méfiance, c'est-à-dire la croyance « il faut se méfier de tout le monde », alors je vais interpréter tous les événements pour conforter cette idée ou en tout cas je ne verrai pas les éléments qui sont des arguments contre ce schéma, c'est-à-dire par exemple des situations où des personnes ont été dignes de confiance.

Les schémas sont donc des vérités pour le sujet et il ne peut voir lui-même qu'elles sont erronées. Ces schémas vont être à l'origine de la répétition des scénarios de vie, comme l'a décrit Jean Cottraux[1].

1. Jean Cottraux, *La Répétition des scénarios de vie,* Paris, Odile Jacob, 2001.

Le rôle d'un tiers qu'est le psychothérapeute est donc d'aider le sujet à déceler ces schémas dont il n'a pas conscience pour les critiquer et voir le monde avec plus de lucidité. Nous donnons en annexe la liste des schémas de Young et leur description sommaire (p. 187).

Lorsque nous avons travaillé sur ce questionnaire avec Thierry, nous avons repéré les schémas suivants.

• *Manque affectif* : il est convaincu que personne ne peut répondre à ses besoins affectifs et ne demande donc jamais ce dont il a besoin, il ne connaît d'ailleurs pas ses besoins affectifs car il ne prend pas le temps de s'y pencher.

• *Échec* : il est persuadé qu'il lui manque quelque chose pour réussir. Il se compare toujours aux autres et est persuadé qu'ils ont ce qu'il faut. Il pense qu'il doit travailler comme un acharné pour réussir ou alors se sabote car il est sûr au fond qu'il n'arrivera jamais à ses fins.

• *Imperfection et honte* : il pense qu'il y a quelque chose de mauvais en lui, et que personne ne peut l'aimer véritablement s'il est lui-même. Il ne se montre donc jamais authentique de peur du rejet et de la moquerie.

• *Abnégation* : il s'occupe trop des autres et de leurs besoins au détriment de ses propres besoins. Il se sacrifie pour les autres et est souvent en colère car il a le sentiment de ne pas recevoir en retour.

• *Idéaux exigeants, critique excessive* : il se met une pression permanente pour atteindre ses idéaux, au détriment de son plaisir. Il est critique envers lui-même et les autres. Il juge l'humain sous l'angle de la réussite.

Il ne peut se détendre et ne rien faire sinon il se sent coupable.

• *Droits personnels exagérés, grandeur* : il ne supporte pas qu'on lui dise ce qu'il doit faire, il n'aime pas les limites et est souvent exigeant. Au fond, il passe son temps à vouloir compenser son sentiment profond de ne rien valoir en prouvant sa supériorité aux autres. Il vit les critiques comme la mise en évidence de son imperfection et passe son temps à vouloir les éviter.

Ainsi, si l'on synthétise les données des schémas, on voit que, dans son enfance, Thierry a été habitué à prouver qu'il valait quelque chose, alors qu'au fond il était convaincu qu'il ne valait rien.

Il n'a pas reçu d'amour véritable et ne sait donc pas qu'il le mérite. Il ne demande donc jamais rien. Il se montre tout le temps fort, responsable des autres.

En réalité, Thierry a adopté un fonctionnement *narcissique*. Il cherche l'approbation et la reconnaissance, veut être admiré et félicité. Il ne s'ouvre jamais véritablement, ne se montre jamais vulnérable.

Il est donc enfermé dans une image de lui-même, seul, sans connaître d'échanges humains basés sur la simplicité. Cela lui demanderait d'accepter d'être *ordinaire,* ce que ses parents ne lui autorisaient pas.

Tous ces schémas lui prennent beaucoup d'énergie, c'est pour cette raison qu'il est épuisé et qu'il fait régulièrement des dépressions, surtout quand il échoue dans ses idéaux. Il n'est jamais vraiment lui-même et ses relations ne peuvent le combler.

Une fois que nous avons validé tout cela avec Thierry, nos objectifs sont clairs : l'aider à cesser de rechercher l'approbation et la reconnaissance et devenir lui-même.

Pour cela, il doit accepter la réalité : s'il est lui-même, il ne doit se conformer à aucun dogme, à aucun modèle. Il risque la critique et le rejet de certains.

Il doit quitter le modèle familial et cesser de vouloir satisfaire ses parents. Il faut donc qu'il admette que le véritable amour n'était pas celui-là. Il ne s'agit pas de faire le procès des parents, mais de comprendre qu'il avait des besoins affectifs beaucoup plus simples et qui sont les mêmes encore aujourd'hui : être aimé pour ce qu'il est, avec ses imperfections. Être pris au sérieux et être respecté.

Il doit ouvrir son cœur et *savoir se montrer vulnérable*, accepter de ne pas toujours avoir raison.

Nous avons alors proposé à Thierry de faire quelques séances d'EMDR en interrompant un peu le suivi pour quelque temps. En effet, nous avons remarqué que certaines scènes traumatiques où son père le battait et l'insultait avaient laissé des traces émotionnelles. Quand il évoquait ces scènes, il se mettait à pleurer comme un enfant, son corps se figeait et il était incapable de raisonner calmement.

L'EMDR : comment repartir à neuf après qu'un traumatisme a laissé une empreinte émotionnelle à vie

L'EMDR (*Eyes movement desensitization and reprocessing* ou mouvements oculaires de désensibilisation et de retraitement) est une technique un peu étrange où l'on revit les scènes traumatiques en laissant l'esprit les réinterpréter à neuf grâce à des mouvements oculaires.

En réalité, cette technique s'intègre parfaitement dans le champ des thérapies cognitives.

En effet, il s'agit d'une restructuration cognitive facilitée par un travail émotionnel et un ancrage corporel.

D'abord pour comprendre le problème, prenons l'exemple de Thierry : il a été battu plusieurs fois par son père. Une scène est restée particulièrement gravée dans sa mémoire : il avait 7 ans, c'était le soir. Il était seul avec son père, sa mère était partie voir une amie. Thierry était assis dans le salon et son père lisait le journal. Thierry a alors dit à son père : « Papa, je m'ennuie. » Son père est alors entré dans une grande furie, Thierry se rappelle ses yeux noirs et très en colère. Il lui a crié dessus : « Tu n'es qu'un emmerdeur ! Tu n'es pas capable de t'occuper tout seul ! De toute façon, je savais que je ne devais pas avoir d'enfants, tu me pourris la vie ! » À ce moment, il s'est levé, lui a donné trois grandes gifles qui lui ont laissé des marques plusieurs jours sur les joues. Il est allé chercher un martinet l'a menacé. Thierry avait très peur.

Aujourd'hui, Thierry a du mal à reparler de cet événement. Quand on lui demande son interprétation, il dit qu'il en a honte. Qu'il ne l'a pas fait exprès. Il dit qu'il n'aurait pas dû énerver son père. Il pense qu'il n'est pas capable de s'occuper seul. Il se sent coupable d'avoir été un poids pour son père.

Bien évidemment, les cognitions, c'est-à-dire les pensées interprétatives de cet événement, sont irrationnelles. Thierry avait 7 ans. À cet âge, un enfant a besoin qu'on s'occupe de lui, qu'on joue avec lui. Et il a été spontané en disant « je m'ennuie ». Il a d'ailleurs été très poli puisqu'il n'a pas crié. Et l'attitude du père est bien sûr anormale, voire pathologique. Le père a une réaction impulsive disproportionnée, humiliante pour l'enfant et sans aucun but éducationnel.

Les pensées autocritiques que Thierry a eues lors de cet événement étaient des tentatives pour lui de trouver une explication, de donner un sens à ce qui n'en avait pas. En effet, pour un enfant, son père est un demi-dieu, il est parfait et forcément il l'aime.

Donc partant de ces postulats qu'il ne peut remettre en question, puisque de ceux-là dépend sa survie, il ne peut que se dire qu'il est responsable de son propre drame. Voilà donc l'émergence d'une grande partie de sa culpabilité, de sa mauvaise estime de lui et de son irrationalité. Il a alors établi une vision erronée des rapports humains et de l'amour. Tout cela Alice Miller l'a largement développé.

Or que fait-on en EMDR ? On va déprogrammer le disque dur mais *in situ*, en faisant revivre au sujet la scène jusqu'à ce qu'il fasse tout seul les bonnes connexions. Le sujet est amené à ressentir l'émotion et les sensations de cet instant et en suivant un objet qui va et vient et fait faire des mouvements oculaires rythmiques, il laisse l'esprit vagabonder et faire ses connexions tout seul.

Cette technique donne des résultats spectaculaires, et des victimes de viol, de maltraitance ou d'attentat ont pu ressentir un soulagement profond et durable, comme un poids en moins après des années de souffrance. Toutefois, il faut la manipuler avec beaucoup de prudence car, avec l'EMDR, on remet le sujet dans la situation traumatique. Ce processus nécessite de le préparer avec soin avant de l'immerger dans l'événement. Il faut donc souvent travailler avec lui à trouver un « lieu sûr » en imagination qui sera un refuge en cas de décompensation anxieuse. Cette méthode a du succès mais doit vraiment être utilisée par des personnes très consciencieuses et prêtes à prendre le temps nécessaire.

L'EMDR a été inventée par Francine Shapiro et largement médiatisée en France par David Servan-Schreiber, qui a d'ailleurs créé une école de formation pour protéger cette technique et préserver son exigence.

Toutefois, il semble qu'elle ne suffise pas à elle seule. Elle doit s'intégrer dans une prise en charge globale intégrative axée sur la thérapie cognitive.

Pour Thierry, il a fallu dix séances. À la fin de ces séances, il peut repenser à cette scène en se disant que son père était quelqu'un d'instable, de colérique. Il parvient à se dire que c'était lui qui avait un problème et que l'enfant était une victime. Il se rend compte qu'il vivait avec un tyran qui ne l'aimait pas vraiment lui, tel qu'il était et qui voulait le mouler selon ses désirs. Thierry renoue avec le petit garçon vivant, gentil qu'il était et se juge avec beaucoup moins de sévérité.

Nous avons ensuite continué de traiter la dépression. En effet, c'était le premier symptôme qui l'avait amené à consulter.

Un sujet trop déprimé a du mal à accéder à une psychothérapie car il a des pensées comme : « Ça ne sert à rien », « Je ne m'en sortirai jamais », qui rendent le travail psychothérapeutique parfois difficile. Il est donc utile de traiter en priorité la dépression.

QU'EST-CE QUE LA DÉPRESSION ?

Nous allons utiliser le modèle de Segal, Teasdale et Williams. Ce modèle cognitif récent de la dépression est extrêmement concret et a donné lieu à une théorie mais aussi à une thérapie, la thérapie MBCT.

Ces chercheurs ont par leurs travaux sur les réactions cognitives des dépressifs mis en évidence que la dépression serait liée aux stratégies que les sujets mettent en place pour quitter des états émotionnels douloureux mais qui seraient inefficaces et favoriseraient l'augmentation des ruminations. C'est-à-dire que face à une contrariété, un stress, une tristesse, le sujet dépressif a tendance à se replier sur lui-même pour réfléchir et tenter de résoudre le problème pour quitter cet état. Or cela conduit inévitablement à un sentiment d'impuissance puisque les pensées se rapportent au passé ou au futur, elles sont des généralisations excessives et n'arrivent jamais à être extraites de ce qui se passe dans l'instant.

Il s'agit de ce que l'équipe de Zindel Segal nomme le « processus de contrôle des divergences » qui tend à *comparer ce qui est avec ce qui pourrait être* (voir schémas en annexes, p. 197.)

Cette *non-acceptation de l'instant présent désagréable* plonge de plus en plus dans les pensées négatives et autocritiques : « Qu'est-ce qui ne va pas chez moi ? Pourquoi je ne réussis jamais ? Ma vie est un gâchis. »

Pour illustrer cela, imaginez que, dans votre frigo, vous ayez les ingrédients pour faire une tarte aux fraises. Or vous vouliez faire un gâteau au chocolat. Si vous avez une vulnérabilité dépressive, il y a de fortes chances que vous regrettiez de ne pas avoir les ingrédients pour votre gâteau au chocolat, que vous repensiez à votre erreur de ne pas avoir été faire les courses quand les magasins étaient ouverts, que vous vous tapiez la tête contre les murs, ou alors que vous fassiez des heures de voiture pour tenter de trouver des ingrédients alors que rationnellement il y a peu de chances qu'une épicerie soit ouverte. Épuisé, vous rentrez chez vous en pestant et vous tapant la tête contre les murs à cause de ce fichu sort et de votre négligence si fréquente que vous généralisez à « négligence permanente ».

Par contre, si vous ne fonctionnez pas selon la réactivité cognitive de la dépression, eh bien vous laisserez tomber l'idée du gâteau au chocolat et vous ferez avec ce que vous avez, c'est-à-dire une tarte aux fraises. Ce n'était pas votre plan de départ, mais au moins vous aurez fait quelque chose.

Dans la dépression, on rumine et on est inefficace car on n'accepte pas la réalité telle qu'elle se présente à nous surtout quand elle est désagréable. Alors que le contraire, c'est s'adapter en acceptant la réalité et en agissant efficacement pour nous-même.

Dans le cas de Thierry, on peut comprendre pourquoi il fonctionne comme ça, surtout si l'on se réfère aux travaux d'Alice Miller : étant donné qu'enfant ses états émotionnels et sa fragilité étaient peu considérés, il a appris lorsqu'il ressent de la vulnérabilité, à réfléchir, à essayer de sortir de cet état pour continuer à satisfaire ses parents et réussir.

Ce lien que je fais entre les travaux d'Alice Miller et ceux de Segal et Teasdale est né de mes réflexions personnelles.

En effet, Segal et son équipe ont simplement donné un modèle de l'émergence de la rechute dépressive. Pour eux, la première dépression est liée à un événement douloureux, puis le sujet met en mémoire une « réactivité cognitive » qui, lorsqu'il connaîtra de nouveau une tristesse, va réactiver le même type de pensées autocritiques et pessimistes que lors du premier épisode.

Or Alice Miller parle de l'émergence de l'état de dépression dès l'enfance : l'enfant ne peut ressentir ses émotions et apprend à les refouler en « raisonnant » plutôt que de ressentir. Cela expliquerait pourquoi les dépressifs ne savent pas se confronter à la peur, à l'anxiété, à la tristesse sans réfléchir et tenter de résoudre le problème plutôt que de le vivre.

Que l'on adhère ou pas à sa théorie, le traitement cognitif de la dépression reste finalement le même : apprendre au sujet à accepter ses états émotionnels douloureux, traverser la tempête en lâchant prise, en s'acceptant inconditionnellement.

TRAITER LA DÉPRESSION EN PSYCHOTHÉRAPIE PAR LA MÉDITATION

Pour Segal et son équipe, la méditation était vraiment le moyen formidable pour permettre aux dépressifs de rester présents, d'apprendre à lâcher prise, à accepter la réalité telle qu'elle est pour agir plus efficacement. La méditation était une façon de se distancier des ruminations et d'accepter de ressentir des émotions.

Zindel Segal, Mark Williams, John Teasdale ont donc élaboré un programme calqué sur la MBSR de Jon Kabat-Zinn.

Dans les années 1970, Jon Kabat-Zinn a commencé à introduire la pratique de la méditation de pleine conscience à l'hôpital. Il a créé un programme basé sur l'essence de l'enseignement de Bouddha, mais dénué de caractère religieux ou spirituel, c'est-à-dire applicable par tous au quotidien.

Ce programme appelé MBSR (*Mindfulness stress reduction program*) se déroule en huit séances de deux heures et demie environ par semaine. On apprend aux personnes à développer une vraie conscience profonde de l'instant présent par l'écoute des sensations corporelles, les sons, le goût...

Rester présent permet de se décentrer de ses pensées automatiques et donc d'être moins soumis au stress...

Dans ce programme, de nombreux exercices sont pratiqués pour faire l'expérience de cette présence et observer comment l'esprit nous détourne de l'ici et maintenant.

Bouddha s'était assis et avait observé que c'était son esprit qui produisait la souffrance. En l'observant avec recul, il a compris qu'on pouvait le dompter et changer sa vie et sa relation aux autres.

Ainsi donc, Jon Kabat-Zinn a développé son programme et montré grâce à des études cliniques que la pratique de la MBSR réduisait véritablement le stress, l'anxiété, mais aussi diminuait les symptômes du psoriasis, et les risques cardio-vasculaires.

Aux États-Unis, son programme s'est développé dans de nombreux domaines, l'entreprise mais aussi les écoles. Le stress augmentant dans les sociétés occidentales, il a semblé de plus en plus évident qu'il fallait vivre autrement, or ce programme intensif qui introduit la méditation dans la vie quotidienne permettait de changer son rapport au monde et aux autres. Aujourd'hui, ce programme est en train de s'implanter en France, suite à la venue de Jon Kabat-Zinn en 2008 et il y a une vraie demande pour mieux affronter le stress et les difficultés du monde d'aujourd'hui.

QU'EST-CE QUE LA PLEINE CONSCIENCE ?

C'est une technique qui consiste à ramener la conscience dans un état dénué de jugement de valeur. La méditation de pleine conscience est un entraînement pour atteindre cet état : on se concentre sur sa respiration, ses sensations corporelles, les sons qui nous entourent pendant trente à quarante-cinq minutes. Des pensées vont surgir dans tous les sens (rappelons-nous : l'esprit se déclôt, sans rien faire, notre esprit produit en permanence des pensées anarchiques automatiques). Mais nous nous entraînons à ramener encore et encore notre attention à ce qui se passe réellement ici et maintenant. Cet entraînement fait que les pensées automatiques ont moins de pouvoir, nous nous décentrons un peu de ce qu'elles racontent. Nous pouvons devenir moins impulsifs, plus posés et plus lucides.

Il faut des mois, voire des années, de cette pratique quotidienne pour en observer l'effet. Certaines études neuroscientifiques montreraient une plasticité du cerveau chez les pratiquants de la méditation de longue date avec une augmentation de certaines zones responsables d'émotions positives. Méditer serait donc une façon de « muscler » au mieux son cerveau.

Pour Segal et son équipe, allier l'apprentissage de la pleine conscience, c'est-à-dire de l'acceptation de la réalité, ainsi qu'une *pédagogie de la dépression et ses mécanismes cognitifs* (c'est-à-dire fondamentalement vouloir que les choses soient autrement que ce qu'elles sont ; vouloir tout le temps se sentir bien et ne pas supporter d'aller mal), serait un moyen d'éviter les rechutes dépressives.

Segal et son équipe ont élaboré un programme en huit séances hebdomadaires (une par semaine pendant huit semaines), avec apprentissage de la pleine conscience, observation du pilotage automatique des pensées, pratique de la méditation quotidienne et ils ont rajouté une vraie pédagogie de la dépression : quels en sont les symptômes, quelles sont ses origines, comment repérer les signes d'une rechute, comment se distancier des ruminations.

La MBCT a ainsi été créée pour la prévention de la rechute dépressive entre les épisodes.

Les patients qui sont en train de traverser un état dépressif ne peuvent suivre ce programme car se confronter pendant trente minutes à soi-même et son esprit est très douloureux quand on est envahi de pensées très autocritiques et de culpabilité. Ce programme que l'on fait en dehors des épisodes dépressifs a montré son efficacité en diminuant de 50 % dans certaines études les rechutes dépressives chez des sujets ayant eu au moins trois épisodes dépressifs. D'autres études (Bondolfi) ont montré un allongement de la durée entre les épisodes.

Les patients qui font le programme MBCT vont donc apprendre à méditer tous les jours. Ils vont apprendre à se confronter à leur esprit pendant ces trente à quarante-cinq minutes. Ils vont apprendre à tenir le gouvernail, même si l'esprit raconte plein de choses angoissantes sur le passé ou l'avenir. En restant fixées sur l'instant présent, ces pensées vont devenir de moins en moins fortes, moins « happantes ». Le sujet va apprendre à ne plus répondre à leur urgence. Par exemple, une pensée qui survient pendant une méditation, comme devoir passer un appel téléphonique, partira si le sujet continue à rester sur son souffle.

Puis, petit à petit, le sujet apprend à défusionner de ses pensées et émotions et à les voir avec du recul. Il ne fait plus un avec elles. Il devient moins impulsif et peut les critiquer. Par ailleurs, il apprendra à détecter les signes annonciateurs d'une rechute dépressive : plus de pensées négatives, difficultés de concentration, plus de pensées autocritiques, moins envie de prendre soin de soi. Il pourra développer un « baromètre » quotidien de son humeur et y faire face au mieux.

Enfin, méditer tous les jours revient à faire une lessive sur les soucis et préoccupation de la veille. On repart à neuf comme si on venait de naître, comme si tout était nouveau. On quitte l'idée de routine, de répétition qui détériore l'humeur. On se sent comme en vacances tous les jours.

L'ACCEPTATION DES ÉMOTIONS DOULOUREUSES POUR SORTIR DE LA LUTTE INTÉRIEURE

Ces travaux ont non seulement participé à une meilleure compréhension de la dépression, à avoir des moyens de la soigner, mais ils ont aussi contribué à ce que l'on appelle la troisième vague des thérapies cognitives et comportementales, dites « émotionnelles ».

En effet, le cœur de ce protocole c'est d'apprendre aux sujets à accepter leurs états émotionnels même douloureux, à ne pas chercher à fuir leur vulnérabilité mais à être plus doux avec l'humain qui souffre en eux.

D'autres techniques, comme la thérapie d'acceptation et d'engagement ou la dialectique comportementale de Marsha Linehan (qui a élaboré dans les années 1990 un programme thérapeutique pour les troubles de la personnalité borderline basé sur la gestion de l'impulsivité par la tolérance à la détresse) se fondent sur le même postulat : nous souffrons parce que nous ne voulons pas souffrir.

On sait depuis longtemps que les attaques de panique sont liées à la « peur d'avoir peur ».

En réalité, ce seraient quasiment tous les troubles névrotiques (c'est-à-dire ceux dont le sujet a conscience et qui sont le plus accessibles à la psychothérapie) qui seraient liés à la non-acceptation de la souffrance.

Et cela donne un modèle plus large de compréhension de la souffrance : *nous souffrons parce que nous ne supportons pas d'être confrontés aux réalités douloureuses de la vie qui nous donnent un sentiment d'impuissance et de non-maîtrise de notre destin.* Nous croyons que ne pas se sentir bien est une erreur et un échec et peut compromettre notre productivité.

C'est aussi l'enseignement de Bouddha puisque, pour lui, accepter la souffrance est le pas essentiel de la sagesse et de la sérénité.

On voit donc que les modèles actuels de compréhension de la souffrance psychique rejoignent les enseignements de Bouddha et donc c'est naturellement que méditation et nouvelles psychothérapies se rejoignent aujourd'hui.

Mais cette idée de l'acceptation de la souffrance est très difficile à faire admettre comme voie de travail aux sujets qui consultent. Souvent les gens disent : « Oh mais docteur, moi je souffre tout le temps, j'ai donné ! J'accepte depuis des années ! »

En réalité, lorsque les gens disent cela, ils entendent : se résigner. Pour eux, accepter de souffrir, c'est baisser les bras et souffrir toute sa vie. Ils viennent consulter pour trouver une solution pour ne plus être anxieux, stressés ou tendus, alors leur dire qu'il va falloir accepter sonne légitimement comme un aveu d'impuissance de la part du thérapeute.

Or il ne s'agit pas de cela. Il s'agit d'accueillir la souffrance comme un des éléments du tableau de notre journée lorsqu'elle survient, mais pas comme le seul élément. En lui donnant un peu de place, en ne luttant plus contre elle, elle devient moins prégnante, moins obsédante. Et, finalement, on voit qu'être triste ou anxieux, ce n'est pas grand-chose et que ça n'a jamais tué personne. Ce qui génère la véritable souffrance psychique, c'est tout ce que l'on se raconte subtilement autour de ces émotions douloureuses pour tenter de les faire partir. Russ Harris décrit cela très bien dans *Le Piège du bonheur*[1] où il explique bien toutes nos tentatives quotidiennes pour aller bien qui aboutissent à plus de souffrance. La lutte contre les difficultés revient à ce qu'elles deviennent le centre de notre vie.

Voici un exemple qui illustre cette situation.

Si je suis triste maintenant parce que la personne que j'aime semble m'aimer moins, ou ne répond pas à l'une de mes demandes, et que je cherche une solution pour sortir de cet état, je vais commencer à me poser des questions sur notre relation, sur ce que j'ai fait, ma part de responsabilité. Je vais alors chercher des réponses dans le passé, dans des situations antérieures. Je vais commencer à angoisser un peu plus car je ne trouverai pas forcément la solution. Je vais commencer à ressentir un sentiment d'impuissance, me dire que cela va mal se terminer et prédire un avenir sombre à cette relation. Je vais peut-être « réagir » par impulsivité, être agressive ou faire quelque chose qui nuit à mon intérêt.

Par contre, si j'adopte l'attitude d'acceptation, je vais accueillir ma tristesse du moment avec douceur. Je vais accueillir mon amour pour cette personne avec laquelle je suis en relation. Je vais accueillir mon besoin de réconfort. Je vais voir lucidement que je ne peux prédire l'avenir, que je ne peux contrôler le cours des

1. Russ Harris, *Le Piège du bonheur,* Montréal, Québec, Éditions de l'Homme, 2010.

choses et manipuler les sentiments de quelqu'un. Je vais accepter qu'une relation d'amour soit un miracle qui se construit jour après jour qu'il faut sans cesse renouveler et travailler. La seule chose à faire dans cet instant, c'est continuer à être authentique, ouverte et ressentir cette tristesse comme un signe de mon existence. Je peux sentir mes larmes prêtes à couler, mon cœur serré. Et regarder les arbres autour de moi, entendre les sons, marcher en pleine conscience. Ma peur d'être vulnérable et de perdre mon objet d'amour n'est pas une erreur ou un échec, elle est inhérente à l'espèce humaine. Toute relation comporte une part d'incertitude, de fragilité, c'est ce qui en fait la beauté. Être triste n'est pas un problème. Si je considère qu'il s'agit de mon état du moment, que tous les instants présents se succèdent dans leur richesse sans n'être jamais les mêmes, alors ma tristesse sera une des couleurs de ma vie, un instant réel et sincère de mon rapport au monde, et non pas quelque chose qu'il faut éliminer et résoudre. Traverser les épreuves ainsi peut nous rendre plus profonds, nous aider à nous connaître plus, et à apprécier la richesse de toute chose, même les plus insignifiantes.

Retrouvons le cas de Thierry.

Nous avons donc validé avec lui qu'il avait du mal à être dans l'instant présent, qu'il était déprimé et ruminait.

Ses ruminations étaient les suivantes : « Qu'est-ce qui ne va pas chez moi ? », « Ma vie est un gâchis », « Mon avenir est lugubre », « Ma vie ne se déroule pas comme je le souhaite », « Je voudrais être quelqu'un de mieux », etc.

Ce qui signifie qu'il passait son temps à vouloir que les choses soient autrement que ce qu'elles étaient. Il comparait tout instant présent avec un tas d'autres possibilités et donc n'était jamais présent. Il était « dans sa tête » et pas là, présent dans l'instant. Et ses ruminations s'enchaînant les unes aux autres n'aboutissaient qu'à l'impuissance.

Prenons un exemple pour mieux comprendre en quoi les ruminations de la dépression conduisent à un cercle vicieux, une spirale qui se nourrit et s'amplifie.

Une des ruminations typiques des dépressifs est : « J'aimerais être quelqu'un de mieux. »

Si je me dis cette phrase, alors je vais tout de suite mal. Pourquoi ? Parce que quelqu'un de mieux, c'est quoi ? C'est être plus jolie, plus mince, plus cultivée, plus drôle ?

Il n'y a pas de réponse et je vais donc envisager une infinité de possibilités sans jamais trouver de réponse satisfaisante, et donc accroître mon sentiment d'impuissance à trouver une réponse à mon état.

Pour sortir du cercle vicieux, il s'agit donc d'accepter la réalité de l'instant et de faire le prochain pas avec cette réalité plutôt qu'en attendre une autre.

Nous avons vu par ailleurs que dans sa vie, ce sont ses schémas qui le poussaient à agir plutôt que ses besoins fondamentaux du moment.

Nous avons vu que s'il ruminait, c'est parce qu'il avait du mal à se confronter à ses émotions douloureuses.

Mais, à ce stade, il était important de lui montrer comment cela se passait concrètement dans son quotidien. Il devait expérimenter par lui-même que lorsqu'il ressentait des émotions, il n'arrivait pas à les accepter. Qu'il n'arrivait pas à accepter l'instant présent dans sa totalité sans vouloir que quelque chose change. Car être dans l'instant présent, c'est se mettre en rapport avec l'instant totalement, dans toute sa dimension, agréable comme désagréable, sans jugement. Nous avons donc utilisé un des exercices de la thérapie MBCT mais que l'on retrouve dans l'ACT et qui est aussi proche de la colonne de Beck ou « pics émotionnels ».

C'est-à-dire qu'on se situe *in vivo* dans un instant précis et on observe les émotions, les sensations corporelles et les pensées qui accompagnent cet état émotionnel.

Tout d'abord il est *absolument* nécessaire que le thérapeute accepte que son patient souffre. Comment sinon pourrait-il accueillir avec lui ce qui se passe, ce qui se déroule, et le plus souvent en consultation ? Il faut donc qu'il ait lui-même une acceptation de sa propre souffrance. Cette donnée-là est essentielle. Avoir fait un travail approfondi sur lui-même se révèle indispensable de manière à être sûr qu'il n'a rien occulté, camouflé de ses propres ressentis douloureux et qu'il peut y accéder sans crainte.

Il ne peut ensuite absolument pas prescrire d'anxiolytiques, car alors ce ne serait qu'une contradiction supplémentaire ajoutée aux écueils du patient.

Dans le cas de Thierry, nous avons proposé de faire une psychothérapie sans antidépresseur, mais en restant vigilant si les symptômes s'aggravaient. Un suivi hebdomadaire était indispensable pour cette surveillance.

Voici un exemple de travail d'acceptation émotionnelle

En consultation avec Thierry :

« Vous êtes angoissé là ?

— Oui, dit le patient le visage crispé.

— Êtes-vous d'accord pour ressentir cela ?

— Pas du tout. C'est affreux.

— Pourquoi est-ce affreux ?

— Parce que ça fait mal, ce n'est pas agréable.

— Pourquoi est-ce si affreux ?

— Je n'aime pas être comme ça.

— Est-ce moi qui vous mets dans cet état ?

— Non, bien sûr ! »

Le patient se détend déjà un peu et sourit même.

À ce moment nous pouvons pratiquer un exercice de pleine conscience. Nous lui demandons de fermer les yeux, de s'asseoir de manière plus droite. Nous guidons cette méditation.

« Prenez conscience du contact des pieds avec le sol, de vos fesses sur la chaise, de vos bras, de vos mains. Maintenant, prenez conscience de votre souffle. Dites-moi quelles sont les sensations corporelles qui viennent à votre conscience ?

— J'ai des fourmis. J'ai un nœud dans l'estomac...

— Bien, continuez.

— ... et j'ai la gorge nouée, envie de pleurer.

— OK. Accueillez cela. Soyez d'accord avec cela. Moi aussi je peux ressentir cela. Maintenant quel est votre état émotionnel ?

— Je suis triste, j'ai peur.

— OK. Êtes-vous d'accord pour ressentir cela ?

— Non, pas vraiment.

— Accueillez. C'est vous maintenant. Moi aussi je peux avoir peur, être triste. Et maintenant, qu'est-ce que vous vous dites, quelles sont vos pensées ?

— Que je n'y arriverai jamais. Que je suis nul. Que je n'arriverai jamais à sortir de cet état.

— OK. Observez ces pensées. Vous avez des pensées de lutte. Vous voudriez que les choses soient autrement que ce qu'elles sont. Et puis vous avez des pensées sur le futur. Et vous recherchez une solution au problème. Revenons à la respiration. Observez-la. L'inspiration, l'expiration. Vous pouvez aussi étendre votre conscience à l'ensemble du corps, aux sons. »

Lorsqu'on termine cet exercice, le patient ouvre les yeux. Il dit être plus détendu. Non pas parce que nous avons fait un exercice de relaxation, mais parce que nous avons laissé être.

Il est beaucoup plus relaxant de laisser les choses être ce qu'elles sont que de chercher à vouloir les rendre autrement. Il est important de comprendre aussi que c'est l'idée que les choses vont durer qui rend l'expérience émotionnelle douloureuse. Le patient qui ressent une angoissc pense qu'il sera anxieux tout le temps. Il ne sait pas que les émotions sont des événements fluctuants. D'ailleurs, il arrive que le patient vienne en consultation en disant qu'il est anxieux en ce moment, or, en faisant l'exercice, il découvre que, dans cet instant, il est calme et serein. Il a l'idée qu'il est anxieux, une représentation de lui anxieux, qui n'est pas sa réalité. À ce moment, le confronter à la réalité est très parlant pour l'aider à sortir de la fausse représentation de soi.

Cette attitude d'acceptation des émotions, des difficultés, des épreuves doit être cultivée tout au long de la thérapie. On fait écrire au patient son expérience des pics émotionnels. On peut lui donner un lexique des émotions. Car nommer les émotions de manière subtile aide beaucoup à les accepter et à accéder à leur richesse, à la richesse de ce qu'elles expriment (voir lexique en annexes, p. 199).

Souvent les patients expriment leur état par « Je suis bien » ou « Je suis mal ».

Il est tout à fait différent pour l'humeur de se dire au lieu de « Je suis mal » : « Je me sens fragile, vulnérable, le cœur à nu, ce qui me terrorise et me donne le sentiment d'être une petite chose dépendante qui a besoin d'être aimée. »

Qu'il serait dommage de mettre un couvercle chimique sur l'être…

Nous voyons donc que Thierry se crispe dès qu'il souffre, ce qui le fait souffrir davantage et produit des ruminations de culpabilité et de dévalorisation.

L'acceptation des émotions est donc un pas indispensable pour sortir de la dépression.

Nous avons également proposé à Thierry de participer à un protocole MBCT pour apprendre à méditer tous les jours et repérer les signes d'une rechute dépressive.

Au bout des huit séances, il avait adopté un rapport tout à fait différent à lui-même. Lorsqu'il était en colère, par exemple au travail, il faisait un espace de respiration, voyait sa colère et acceptait avec douceur de la ressentir, voyait ce qu'elle lui faisait corporellement. Il observait ses pensées et repérait ses schémas d'exigence. Thierry avait alors assez de recul ensuite pour aborder la relation avec le collègue qui l'avait mis en colère de manière calme et sereine. Il ne se jugeait plus lui-même et ne jugeait plus les autres. Il s'ouvrait plus aux autres qui n'étaient plus des ennemis potentiels car il ne craignait plus qu'on attaque son image. Il « lâchait » prise. Il acceptait de pouvoir être critiqué ou même perdre son emploi car cela peut arriver à n'importe qui. Mais il faisait du mieux qu'il pouvait chaque jour. Chaque matin, il commençait la journée comme si tout était nouveau. Et certaines choses qui ne lui apparaissaient pas avant, parce qu'il était plongé dans ses ruminations s'ouvraient à lui : la gentillesse de sa secrétaire, la beauté du parc qui bordait son trajet, etc. Il respirait mieux, plus profondément, et marcher devenait pour lui une source de joie. Il ne craignait plus rien, car son esprit n'était que dans l'instant présent.

Si nous faisons une synthèse à ce stade, nous pouvons dire qu'avec Thierry nous avons trouvé des pistes explicatives de ses troubles. Nous avons surtout identifié les schémas qui l'empêchent d'être lui-même et nous commençons à lui apprendre petit à petit à devenir plus authentique et plus spontané. En effet, être soi qu'est-ce que cela signifie ? La réponse pourrait être formulée ainsi : c'est être vrai à chaque instant, en accord avec ses ressentis véritables.

Être soi-même se réinvente chaque jour.

Donc, si Thierry est triste, il ne correspond pas au Thierry fort qui est manager. Pour autant, à cet instant précis il est triste et sa tristesse est légitime. La nier, c'est se nier soi-même. Thierry doit donc quitter son costume préétabli et accepter sa tristesse. C'est son être. Qui a dit qu'un patron ne devait jamais être triste ?

DEVENIR LIBRE

Maintenant que Thierry accepte mieux ses émotions douloureuses et tout ce qui se présente à lui d'instant en instant, le monde change. En effet, il est beaucoup plus présent aux sons, à ce qu'il voit, mais aussi aux autres.

Il est beaucoup plus à l'écoute de sa femme et lui ouvre plus facilement son cœur.

Il arrive à lui dire quand il est en colère, car nous avons appris avec les techniques d'affirmation de soi des thérapies cognitives et comportementales à communiquer efficacement.

Je vous résume ici les bases d'une bonne affirmation de soi.

• *Avoir une idée claire et précise de ce qu'on veut dire* : cela implique donc d'être absolument présent à ce que l'on ressent au moment même. Et il faut savoir que toute communication est une information que l'on donne à quelqu'un. Ainsi, si par exemple je souhaite m'excuser pour un retard que j'ai eu, je dois considérer que je demande à la personne de m'excuser. Ou alors si je suis en colère car une personne a été en retard, je lui fais la demande de m'écouter, de tenir compte de ma frustration et de ne pas reproduire ce retard. Ainsi, si l'on s'adresse à quelqu'un en lui livrant un message qui n'est pas une demande ou une information, cela risque d'être flou ou alors agressif. En somme, il s'agit d'être toujours pudique et respectueux lorsqu'on parle et de s'adresser vraiment à la personne en faisant attention au message.

• *Formuler en disant « je »* à chaque fois. On n'est jamais sûr de l'interprétation que l'on a des événements. Par contre, personne ne peut nous reprocher de ressentir des choses. Ainsi, si je pense qu'une personne a fait quelque chose pour me blesser, je peux lui dire : « J'ai été blessée, je ne sais pas quelles étaient tes intentions, mais j'ai eu le sentiment que tu le faisais exprès, il est possible que je me trompe et je m'en excuse mais je voulais t'en faire part pour ne pas gâcher notre amitié. »

• *Parler avec son cœur en sachant se montrer vulnérable et absolument sincère* : s'affirmer, c'est aussi être humble et non vouloir prouver qu'on a raison. Or, pour communiquer avec des êtres, il est très important d'être dans une attitude aimante et ouverte sinon rien ne pourra se passer. C'est le principe de la communication non violente.

• *Avoir un* a priori *du doute positif* : partir du principe que les êtres humains sont imparfaits, qu'ils ont le droit à l'erreur et toujours leur accorder le bénéfice du doute. Parler à quelqu'un qu'on pense être vraiment mauvais et méchant va nous rendre forcément agressif et fermer l'échange de toute façon.

• *Analyser la position de l'autre* : émettre dans son message quelque chose qui montre qu'on a compris l'autre sur certains points, qu'on sait pourquoi il a pu réagir de telle ou telle manière ou en tout cas qu'on pense qu'il doit avoir des raisons. Cela calme tout de suite l'agressivité et montre que l'on est vraiment dans un dialogue et non un jugement.

• *Faire le disque rayé et vérifier que l'autre a compris le message* : on ne lâche pas le dialogue tant que l'on n'est pas sûr que notre message est compris. C'est très important. On peut faire répéter à l'autre ce qu'il a compris.

• *Trouver un compromis* : en reformulant la situation, même si elle est bloquée, on peut toujours trouver un compromis. Dans la pire des situations de conflit, on peut conclure que « visiblement la communication est bloquée et l'on ne trouve pas de solutions. Je propose que nous réfléchissions un peu et reprenions cette discussion plus tard en espérant que nous serons satisfaits tous les deux ».

• *Terminer chaleureusement.*

Ces techniques sont connues et on les utilise dans bon nombre d'outils de développement personnel ou en thérapie cognitive et comportementale.

Cependant, il est vraiment rare que les gens communiquent ainsi car emportés par le flot de leurs émotions, leurs peurs, et surtout s'ils ne sont pas face à des personnes qui ont la même ouverture, ils abandonnent cet effort d'ouverture et de tendresse envers soi et l'autre.

Toutefois, cette façon de parler est la seule valable, car elle nous met *en rapport direct avec notre vérité, notre cœur et nos vrais besoins*. Le reste n'est qu'interprétation, jugement et narcissisme : « Je veux prouver que je vaux quelque chose et que c'est moi qui aie raison ! »

Par ailleurs cette façon de communiquer implique une réelle acceptation de ses propres états émotionnels, une vraie présence à soi et donc un travail d'écoute de soi comme la méditation le permet.

Ainsi, on ne peut appliquer cela facilement si on est déprimé, anxieux, névrosé. Cela souligne l'intérêt d'une approche intégrative comme nous l'abordons ici. Aborder l'être par différentes facettes pour l'amener à être authentiquement lui-même, vrai sincère et en prise avec le réel demande donc des techniques différentes, avec un temps pour chacune.

En somme, *il y a un art de la psychothérapie* comme il y a un art de la sculpture, de la danse ou du chant : composer avec le réel en ajustant à chaque fois l'action selon là où on en est.

Ainsi, pour amener le sujet à la liberté, cela implique de repérer tous les verrous que sont l'*ego,* les *schémas* et la *volonté de maîtriser son destin.*

Le but est de l'amener à être vraiment lui-même, c'est-à-dire sans représentation de lui, uniquement vibrant selon l'instant de désirs, d'amour et d'émotions sans volonté précise, juste vivant et s'adaptant au cours des choses en les acceptant.

Pour Thierry, nous sommes donc arrivés au point où il ressentait plus ses désirs, ses besoins, où il ne voulait plus prouver au monde entier qu'il était fort et intelligent.

Mais alors il s'est mis à se rendre compte que son travail ne lui plaisait pas. Il a commencé à avoir envie de travailler dans le domaine du golf, sa passion. Il commençait à s'apercevoir que sa femme ne l'aimait pas vraiment. Elle ne l'écoutait jamais vraiment, elle était trop préoccupée par ses propres soucis à elle. Et ils avaient peu de points communs. Ils étaient ensemble par convention mais non par réel amour. Tout a commencé à devenir confus pour Thierry.

Rien n'était plus sous contrôle. Il est tombé amoureux d'une jeune femme rencontrée à une conférence littéraire, car depuis peu il se découvrait le désir d'approfondir la littérature américaine. Il était troublé par elle et voulait la connaître. Il s'est alors séparé de sa femme. Il vit seul actuellement, mène une vie beaucoup moins « conventionnelle », mais il ne regrette rien car il est à chaque instant totalement vrai. Sa famille ne comprend pas pourquoi il a quitté sa femme, beaucoup d'amis le jugent, mais il n'en a que faire. Il ne dit que ce qu'il pense, il vit chaque instant comme il se présente. Sa pratique de méditation quotidienne le recentre, mais surtout l'aide à avoir un esprit moins confus.

Thierry est un individu libre, autonome. Il ne déprime plus du tout, il ne recherche plus d'approbation. Il est capable d'aimer réellement ses livres, le golf, sa petite amie mais surtout lui-même : c'est-à-dire qu'il compose avec son être chaque jour comme une toile nouvelle. Il a quelques amis aussi libres que lui avec qui il partage des moments d'intense amitié et de vérité. Personne ne fait semblant de rien et toute parole est pudique et une ouverture réelle du cœur.

Voilà donc le chemin de Thierry, qui est en fait une esquisse de plusieurs chemins de vie, de plusieurs personnes qui ont fait un travail sur elles.

Nous aspirons tous à cette liberté-là, mais ô combien nous fait-elle peur !

Renoncer à plaire, à avoir une vie rangée, renoncer à contrôler le cours de sa vie, affronter le jugement la critique, la solitude n'est pas si simple.

Si l'histoire de Thierry se termine par un changement radical de vie, ce n'est pas toujours le cas, bien sûr. Mais il est vrai qu'il arrive souvent qu'une thérapie modifie profondément l'individu et son rapport au monde. Il se comporte comme il ne s'est jamais comporté.

Travailler sur son esprit ouvre notre champ de vision. On voit plus les choses comme elles sont dans l'instant. Avant on pouvait avoir l'impression d'être dans un tunnel et là tout devient plus intense, plus vaste.

CHAPITRE 4

Questions soulevées par les nouvelles approches en psychothérapie

Les conséquences de cette transformation ne sont pas le fait du thérapeute et ne regardent que le patient.

C'est précisément à ce stade qu'on se rend compte qu'une psychothérapie ne rétablit pas seulement le patient, mais lui ouvre une autre perspective sur le monde dans lequel il vit.

Or on ne peut nier que, dans notre société, la liberté individuelle, des relations basées sur l'amour véritable et les relations saines ne sont pas si fréquentes.

C'est le choc que j'ai évoqué dans mon introduction. En amenant les patients à cela, je me suis aperçue qu'ils se confrontaient à la réalité extérieure. Ils devenaient parfois plus ouverts, plus sensibles, plus humains que ceux qui les entouraient.

Et cela engendrait forcément des réflexions sur le monde d'aujourd'hui.

En effet, quelqu'un qui médite tous les jours, qui parle avec son cœur, qui donne de l'amour sans rien attendre en retour, qui est libre et ne dit que ce qu'il ressent vraiment, quitte à déplaire, va parfois se sentir en difficulté dans un monde plus matérialiste.

C'est un peu comme si l'on jouait aux apprentis sorciers et qu'on découvrait le résultat.

Ce livre est donc né de cette constatation : faire une psychothérapie n'est pas anodin. On ne revient pas à un point de départ.

Par ailleurs, à mon sens, l'accès à la méditation a profondément bouleversé la psychothérapie.

La méditation en psychothérapie est une révolution

Je voudrais d'abord apporter des précisions sur ce qu'est la méditation afin que l'on saisisse bien la révolution qu'elle représente et les perspectives qu'elle ouvre dans notre société.

La méditation est entrée dans le champ du soin par la MBSR comme nous l'avons dit plus haut. En France, elle est entrée par la porte de la MBCT.

Cette technique a commencé à être utilisée en France vers 2006.

Nous avons été quelques psychiatres et psychologues à nous former à cette technique pour soigner nos patients souffrant de rechutes dépressives.

Ce qui m'a intéressée plus précisément c'est d'abord qu'ayant une pratique bouddhiste débutante je voyais comment le fait de considérer ce que je faisais au moment où je le faisais plutôt que d'être « quelque part » dans ma tête changeait mon rapport au monde. J'étais plus calme, plus concentrée.

Mais j'ai aussi perçu chez les patientes anorexiques que je soignais une non-présence à leurs besoins, à leur corps. Tout semblait se passer dans le mental, elles pensaient en termes de passé, de futur, de possibilités, mais n'étaient jamais vraiment là.

Il faut savoir que si diverses traditions religieuses ont eu recours à la méditation pour apaiser l'esprit, c'est le bouddhisme qui a poussé le plus loin l'utilisation de cette pratique.

Le bouddhisme est né avec Bouddha, un homme qui s'est retiré du monde dans lequel il vivait avec tout le confort pour comprendre la nature de la souffrance et la nature de l'esprit. Il a découvert que, par la pratique de la méditation, on pouvait toucher la souffrance née des illusions de la pensée et notamment des illusions de l'ego. La méditation était donc une voie pour atteindre le non-ego et la vacuité.

La pratique du bouddhisme est une voie exigeante. En effet, elle va bien au-delà d'être dans l'instant présent et se détendre.

La méditation permet de déchirer les voiles qui nous empêchent de toucher à la réalité. Or ces voiles sont nombreux : avidité au plaisir, narcissisme, attachement, volonté...

Il y a plusieurs stades dans ce que l'on appelle le *dharma*, c'est-à-dire la voie pour atteindre l'éveil. Ces stades sont nommés *hinayana* (voir la confusion de l'esprit), *mahayana* (l'ouverture du cœur et la compassion), *vajrayana* (l'intelligence lucide).

En réalité, la MBSR ou MBCT pourrait se comparer à la toute première étape de cette voie (*hinayana*), c'est-à-dire voir la confusion de l'esprit.

C'est pour cela qu'il m'est apparu avec ma pratique de méditation personnelle, mon cheminement propre dans cette voie, qu'il était normal qu'après avoir fait le protocole les patients se sentent frustrés et, moi-même, les années de pratique de pleine conscience me donnaient un sentiment d'inachèvement. MBSR et MBCT ont donc des indications précises et ne sont pas le bouddhisme.

En effet, quoi faire une fois qu'on a respiré et vu que l'esprit était confus ? Le but de la méditation était-il de nous rendre détendu, apaisé et gentil avec tout le monde ?

Qu'est-ce que la méditation dans la voie bouddhiste ?

Mes lectures me faisaient entrevoir autre chose.

Il semblait que la pratique de la méditation permettait d'avoir un autre rapport au monde, mais aussi aux autres.

Le terme de compassion apparaissait souvent, mais j'ai essayé d'aimer le monde entier en respirant, ça me mettait plus en colère qu'autre chose.

Et j'ai compris pourquoi le protocole MBCT me semblait limité lorsque j'ai approfondi ma connaissance du bouddhisme.

Dans cette voie, la méditation y est enseignée comme un chemin vers le non-ego. C'est-à-dire qu'en quittant la représentation de soi on peut enfin s'ouvrir au réel et à l'instant présent, car ce qui nous empêche d'être présent, c'est la volonté de s'accrocher aux choses pour maintenir une image de soi satisfaisante.

La méditation est aussi une voie qui mène à l'amour véritable par l'ouverture du cœur que cet abandon permet.

En se mettant en rapport avec le vaste du monde par-delà le moi ou nos représentations, nous nous ouvrons totalement, à nu, et cela peut être très déstabilisant.

Par les enseignements théoriques mais aussi par une pratique aride et sans promesse de se sentir bien, je comprenais qu'il fallait perdre la tête pour véritablement entrer dans la dimension du *dharma* et, par là même, dans l'amour pour tous les êtres.

La pratique de la pleine conscience n'étant qu'un début est plutôt agréable et nous donne l'impression de nous détendre. Nous pouvons donc méditer tous les jours pour retrouver ce calme. Néanmoins la méditation peut nous amener bien plus loin, elle peut nous conduire à oublier qui on est véritablement pour nous connecter au monde et aux autres et devenir vraiment authentique.

L'idée de la méditation comme décentration où l'on observe les phénomènes procède parfois d'une légère mécompréhension. Il ne s'agit pas d'observer son souffle, mais d'être le souffle. Il s'agit de développer un processus d'attention très particulier qui consiste à lâcher toute forme d'effort ou de volonté. Il s'agit d'être un avec tous les phénomènes présents. C'est vraiment cela le lâcher-prise total auquel on ne peut accéder que par le non-ego puisqu'il faut oublier toute idée de soi pour entrer dans cette dimension.

Dans le bouddhisme zen ou tantrique, il s'agirait de faire un avec les phénomènes.

Cela a été bouleversant pour moi car je me rendais compte que c'était là où je cherchais à amener mes patients : être vraiment eux-mêmes au-delà de toute représentation et savoir aimer vraiment, dans une ouverture du cœur absolue. Mais, pour cela, il fallait moi-même que j'y parvienne, or j'ai pu m'apercevoir que je n'étais pas, malgré plusieurs années de méditation quotidienne, débarrassée des illusions de mon ego.

Ayant ressenti cet état de totale fluidité par-delà l'esprit, cette mise à nu sans aucune promesse, cette ouverture inconditionnelle à l'instant dans toute sa richesse qui demande de la pudeur, de la douceur envers tout ce qui est, me montrait qu'*être humain pouvait être autre chose que penser, élaborer des stratégies, anticiper, etc.* Pour le préciser : entrer dans un rapport intime à tout ce qui est. Il y a donc forcément un rapport d'amour qui se développe à chaque parcelle de l'instant : amour pour le petit son métallique de la porte, amour pour l'expiration lente, amour pour le chatouillis derrière la nuque, amour pour la toux du voisin. C'est ainsi que la compassion naît, par cette pratique.

Ainsi, la pratique de méditation offre la possibilité de sortir de l'ego, c'est-à-dire de la représentation de soi, et d'accéder à l'ouverture du cœur et à l'amour inconditionnel de toute chose et de tout être.

En réfléchissant à tous les outils de psychothérapie que j'utilisais, toutes les étapes que je faisais franchir à mes patients et même aux autres formes de thérapie comme la psychanalyse freudienne, jungienne ou autre, je me suis dit que leurs buts étaient les mêmes :

déconstruire la représentation de soi pour accéder à la liberté de l'être, à ce qu'il accepte sans condition sa singularité et puisse entrer en rapport aux autres sans être obscurci par ses illusions mentales et ses schémas.

Dans ma pratique de psychiatre, finalement, je pars d'un point : le diagnostic, l'évaluation de la gravité du trouble ; et j'essaye d'amener la personne à ce point de non-ego et d'ouverture à elle-même et aux autres, par différentes techniques ajustées à l'état du patient et par la méditation.

Ainsi, on pourrait presque dire que les techniques cognitives et comportementales par exemple ou autres permettent de cibler avec le sujet les nœuds mentaux à l'origine de sa souffrance et de les détricoter au fur et à mesure.

Cette simplicité des buts de la psychothérapie et le fait qu'ils soient similaires à ceux qu'enseignait Bouddha il y a deux mille ans m'ont frappée.

Je ne me serais jamais autorisée à faire ce parallèle s'il n'y avait un tel engouement pour la méditation dans le champ de la psychothérapie. Je me permets donc cette réflexion portée par le fait qu'elle est indispensable dans le contexte actuel. C'est-à-dire que, quitte à employer la méditation comme accès à la sérénité, autant bien le faire et ne pas en faire un outil de détente. La méditation est une voie de travail très minutieuse sur l'esprit humain et demande de longues années de pratique et beaucoup de discipline.

Toutefois la question qui se pose maintenant est : jusqu'où allons-nous ? Après avoir participé à un groupe de MBCT et avoir effectué un travail cognitif, les personnes changent et demandent parfois à aller plus loin.

La plupart se mettent à s'intéresser au bouddhisme. Elles nous posent des questions et veulent qu'on les guide dans cette voie.

C'est pourquoi ma question d'aujourd'hui est : les psychothérapeutes sont-ils en train de devenir des guides spirituels ?

Je ne le pense pas et ne le souhaite pas.

Je crois que le psychothérapeute doit se contenter d'amener le sujet à être autonome et entrer en relation de manière adéquate.

Mais nous ne pouvons faire l'économie de ces réflexions si nous sommes éthiques.

Par ailleurs, nous ne pouvons nier que nous nous inscrivons dans la société et que cette démarche va à contre-courant du matérialisme, du culte de l'apparence et du culte de la performance.

Je pense que nous avons tous intérêt à penser autour de nos pratiques, et à penser ce qu'est véritablement être humain.

Car finalement tout cela amène à développer une sagesse assez nouvelle.

L'homme n'a jamais été autant libre de choisir son destin et il existe de très nombreuses réflexions sur l'éthique. Et il me semble que l'enjeu crucial est d'introduire l'idée que la sagesse peut nous permettre aujourd'hui d'entrer dans un autre rapport au monde.

Au sujet de la sagesse

La notion de sagesse est peu usitée dans la vie courante, et peu à la mode. Parler de sagesse signifie pour certains ennuis, résignation, vie monotone. Elle est associée aux philosophes grecs ou à la spiritualité. On pense souvent aussi à la sagesse acquise au fil des années, la sagesse des personnes âgées.

C'est pourquoi j'ai intitulé ce livre *Pour une sagesse moderne,* pour démontrer qu'aujourd'hui la sagesse peut être une voie formidable pour profiter de la vie contemporaine. Qu'elle n'est nullement passéiste, bien au contraire elle peut permettre de vivre vraiment avec son temps en profitant pleinement de ce que le monde nous offre.

Par exemple, être plus sage permet de moins connaître le stress et l'anxiété et de choisir sereinement les activités qui nous plaisent, les amis qui vont nous aimer en retour, travailler en respectant ses valeurs.

Mais la sagesse est effectivement *le contraire de la recherche effrénée de plaisir,* le contraire de la recherche de sensations fortes, en somme, du divertissement.

La sagesse est le contraire du narcissisme, où l'image de soi prime sur nos actions et le sens qu'elles ont ainsi que leurs conséquences sur le monde.

Par exemple, être sage, c'est refuser une sortie mondaine parce que notre corps a besoin de repos, mais c'est aussi avoir l'habileté d'obtenir le poste dont on rêvait et développer toutes ses capacités intellectuelles ou intuitives pour y arriver.

Le contraire, c'est vouloir fuir la solitude en sortant tous les soirs et boire et fumer pour se désinhiber, mais ne pas être assez persévérant pour terminer des tâches ingrates et au final se retrouver sur le carreau dans son entreprise.

Être sage, c'est *savoir aimer réellement* et se donner la chance d'avoir des relations profondes et durables avec des gens qui nous aiment en retour.

Le contraire, c'est utiliser les autres pour combler nos besoins, répéter des scénarios de ruptures et de violences amoureuses.

Être sage, c'est tout simplement être rationnel et lucide et *s'adapter au mieux aux épreuves de la vie tout en gardant le cap sur ses valeurs.*

Rien n'est austère dans cette sagesse.

Il n'est d'austère que la souffrance.

Or la sagesse est la promesse d'une vie moins torturée. On a ainsi l'espace d'y mettre tous les plaisirs possibles sans tabous ni barrières.

La sagesse et la dignité sont de très bonnes amies. Il n'y a pas de sagesse sans dignité, c'est-à-dire savoir se tenir droit dans l'épreuve sans céder à la tentation du plaisir qui nous amène souvent à aller à l'encontre de nos valeurs.

La dignité c'est aussi celle d'accepter son Destin à la manière des dieux grecs, comme le décrit Simone Weil dans « L'*Iliade* ou le poème de la force[1] », c'est-à-dire le

1. Simone Weil, « L'*Iliade* ou le poème de la force », *Les Cahiers du Sud,* 1941, et *in La Source grecque,* Paris, Gallimard, 1953.

fait qu'il échappe à notre contrôle, que nous pouvons être forts un jour et faibles le lendemain. Que la vie est chaotique et non linéaire.

Si l'on parle de bonheur, peut-on parler d'autre chose que de sagesse ? Il ne s'agit pas bien sûr du bonheur transitoire, mais d'un bonheur durable comparable à la joie de vivre.

Le bonheur serait la sensation d'être.

Jeffrey Young définit aussi la philosophie de son travail : « Les êtres humains sont plus heureux quand ils sont authentiques. »

Le bonheur serait donc l'authenticité.

Or l'authenticité est indissociable de la sagesse puisque ces deux notions demandent de s'appuyer sur un socle de vérité.

Allez, disons que *le bonheur ce serait d'être dans la vérité.*

Et chercher à être dans la vérité nécessite bien sûr un effort de réflexion et d'analyse. Et cela s'apparente à la démarche philosophique. Mais ce n'est pas seulement la pensée logique cartésienne qui nous permet d'accéder à la vérité. La vérité est sous nos yeux et par une réelle présence, nous la percevons. La méditation est donc une voie cruciale pour cela.

En somme, il est impossible d'être heureux si l'on n'est pas sage, donc si l'on ne vit pas en adéquation avec ce que l'on est profondément et avec la réalité et si l'on n'est pas, un peu, philosophe. Et être authentique, sincère, c'est réinventer sa vie à chaque instant. En effet, la méditation permet d'accéder à la notion d'impermanence. Le temps est une succession d'instants présents et aucun instant présent n'a jamais été le même depuis des milliers d'années disait Étienne Klein, le célèbre physicien spécialiste du temps. Ainsi, rien ne se répète, tout est neuf. On ne peut donc s'ennuyer.

Le bonheur, c'est vivre chaque jour en présence, c'est-à-dire comme si on venait de naître. Alors chaque jour est comme les vacances et les pensées comme « jamais », « toujours », « souvent », « d'habitude » qui accompagnent la dépression s'estompent. En réalité, la méditation offre un autre rapport au temps. Chaque instant devient précieux et incandescent.

À ce moment, on peut accéder à la véritable liberté de l'être, c'est-à-dire sans cesse renouvelé.

Chaque instant est vécu dans son intensité. Par exemple, entrer dans le métro peut devenir une expérience incroyable de couleurs, de liens humains. Une fois, j'ai pris conscience que c'était un moment précieux d'être en masse ensemble et de partager cette tranche de vie. Je suis arrivée à cela parce que je n'avais aucun *a priori* sur l'expérience.

Et la liberté d'être soi vient naturellement puisqu'on ne craint plus rien, ni rejet, ni moquerie, ni conflit.

Peut-on être libre aujourd'hui, par exemple au sein d'une entreprise ?

La question qui se pose lorsqu'on aborde la liberté avec les patients, c'est bien sûr jusqu'où être libre dans cette société. Peut-on être libre quand on a un patron, qu'on travaille en *open space*, observé du matin au soir par tous ses collègues et qu'on craint d'être licencié au moindre faux pas ?

Personnellement, je ne peux que constater avec tristesse qu'effectivement il est très difficile d'être libre aujourd'hui, c'est-à-dire de parler avec son cœur, sincèrement ; il est difficile d'exprimer son désaccord sur certaines choses, de partager ses doutes ou ses craintes. Je constate bien que les rapports humains sont tendus et agressifs, car chacun veut prouver qu'il est supérieur aux autres. Et que la fragilité du cœur que nous avons tous est vue comme un signe de faiblesse et d'incompétence. On n'aime pas les gens qui doutent. On veut des certitudes, des leaders charismatiques. Ceux qui hésitent ne peuvent être des guides forts.

Pour autant, je ne crois pas qu'il faille jeter l'éponge. On peut même dans un environnement difficile, mener sa barque en restant soi-même. Il vaut mieux choisir de se soumettre à une autorité pour gagner sa vie, payer son loyer et ses vacances, qu'avoir l'impression de ne pouvoir faire autrement que subir. C'est une nuance très importante. Dans un cas on est l'acteur principal de sa vie. On sait qu'on peut partir à tout moment et vivre dans un bidonville à Djakarta, mais qu'on décide de rester dans cette ville, dans cette entreprise pour telle ou telle raison. Cela permet de reprendre les rênes de sa vie. Mais pour cela il faut sortir de ses névroses, de son irrationalité.

C'est pourquoi il semble qu'aujourd'hui une intelligence et une sagesse nouvelles soient très utiles pour louvoyer à travers toutes les difficultés de notre temps.

La liberté n'est donc pas la transgression, mais le sentiment d'avoir le choix de tout. Par ailleurs, lorsqu'on est vraiment lucide et présent, notre travail devient moins pesant. Quand on ne le fait pas pour plaire à quelqu'un, quand on n'a plus peur d'être rejeté ou critiqué, quand on ne cherche plus à prouver quelque chose, alors chaque geste, chaque mot est une rencontre. Quand on accepte sa finitude d'être mortel, alors on peut se rendre compte qu'on est en vie, que dans cette entreprise il y a beaucoup d'êtres humains sensibles, qu'on est tous dans le même bateau. Peu importe ce que l'on va ressentir, mais il faut savoir qu'être libre et présent nous donne l'énergie de faire changer les choses. Contrairement à ce que l'on croit, la pratique de la méditation, l'acceptation ne rendent pas impuissant. Elles libèrent de tant de névroses que l'on a un plus grand espace pour penser et agir efficacement.

Cette question de la liberté se retrouve dans les relations principalement avec les parents ou le conjoint. De la même manière, avoir l'idée qu'on peut choisir sa vie, qu'il n'y a aucune norme, libère beaucoup. Je suis surprise de voir à quel point les gens ont une idée morale et précise d'une vie réussie : se marier et avoir des enfants. Pour une femme, ne pas avoir d'enfants est un signe de honte et d'échec. Pourtant, aujourd'hui la réalité est que les femmes font des études de plus en plus tard, s'investissent de plus en plus dans leur profession, ne veulent plus dépendre financièrement des hommes et donc ont moins de chances d'avoir des enfants jeunes. Le mariage est aussi en grâce. On est très loin du féminisme des années 1970, et de la liberté des mœurs. Cette tendance crée une marginalisation des individus seuls, ou ne rentrant pas dans ce modèle, et une course à la rencontre amoureuse pour trouver l'âme sœur ou se caser à tout prix. Ne pas avoir d'enfants est vécu comme une malchance, alors qu'il s'agit d'une rencontre de deux êtres, de deux corps et d'une temporalité, ce qui est loin d'être simple et possible à programmer. En consultation ces sujets deviennent extrêmement fréquents et suscitent de nombreuses souffrances et des sentiments de honte ou d'échec.

Je crois donc qu'admettre plus de liberté des individus, plus de tolérance au chaos d'une vie humaine et à l'originalité et la singularité des êtres soulagerait beaucoup de gens.

Le sens de la vie, les valeurs et le rapport au travail : quel est le rôle des psys ?

En me penchant sur l'*Histoire de la folie à l'âge classique* de Foucault[1], quelque chose m'est apparu d'une évidence flagrante : le rapport dc la folie et du travail a de tout temps été étroit.

En lisant qu'on internait au XVIIe siècle les personnes qui étaient hors de l'ordre moral et surtout qui refusaient de travailler au moment de l'essor de l'industrialisation, j'ai pris conscience qu'effectivement, aujourd'hui

1. Michel Foucault, *Histoire de la folie à l'âge classique,* Paris, Gallimard, « Tel », 1976.

encore, cette notion reste très présente. Ceux qui sont internés dans les hôpitaux psychiatriques sont ceux qui sont incapables de travailler. Ceux qui consultent en cabinet sont ceux qui peuvent travailler puisqu'ils peuvent payer leurs consultations.

Ainsi, on pourrait imaginer que les gens consultent car ils sont sur le fil du rasoir. Ils peuvent travailler mais ont très peur de basculer de l'autre côté et se soignent pour préserver leur intégration. C'est ce que l'on constate souvent, c'est vraiment une demande d'aller bien pour travailler ou aller bien pour changer de travail.

Le psychiatre ou psychothérapeute a donc insidieusement le rôle moral de maintenir les individus dans l'ordre établi.

Par ailleurs, si l'on considère l'engouement pour la méditation, les traditions orientales, on peut émettre la réflexion suivante : dans ces traditions, il n'y a pas le même rapport au travail et à la folie.

Le bouddhisme présuppose que tous les individus sont égaux face à la souffrance psychique et que tout le monde peut aller mieux s'il médite.

Voilà pourquoi de plus en plus de personnes étiquetées souffrant de tel ou tel trouble psychologique, avec parfois des traitements lourds, se tournent vers la MBSR ou la MBCT. Elles espèrent y trouver leur salut et passer du côté des « normaux ».

Il faut savoir que, si le bouddhisme n'a pas de rapport au travail tel que nous l'avons dans les sociétés occidentales et pas de rapport à l'ordre moral, il a pourtant son chemin ardu, son travail exigeant et implique la négation de l'ego, le dévouement à la nature mais aussi à un maître, le respect des rites, l'absence de maîtrise de son destin et le travail discipliné permanent sur son esprit.

Si l'on ne veut qu'une partie sans l'autre alors on ne fait que s'enfoncer dans un sommeil et créer de nouveaux lieux d'aliénation que sont les communautés, les sectes, les groupes de tous ordres...

On voit d'ailleurs de plus en plus de personnes errer de groupe de développement personnel en retraites de tous genres...

À l'inverse, les coachs mais aussi les psys peuvent avoir comme vocation de maintenir les personnes dans l'entreprise et participer à entretenir un système de négation de soi, au nom de la performance, de la productivité. De très nombreuses entreprises payent des tas et des tas de formations coûteuses pour maintenir les humains dans des systèmes qui les exploitent. J'ai été sollicitée pour faire une journée de méditation dans une entreprise, et lorsque j'ai exposé mon projet où je comptais parler de l'individu, des émotions, de ce qui rend fragile, on m'a dit : « Oh non ! Nous, ce qu'on veut, c'est une journée comme accrobranches l'année dernière ! Il faut qu'ils s'amusent ! », car effectivement, si les gens s'amusent, ils auront plus d'entrain pour accomplir les tâches demandées.

Ainsi, la question de la liberté et du rapport au travail n'est pas simple et mérite d'être débattue.

Il est donc crucial de percevoir que l'homme d'aujourd'hui doit se réinventer en tenant compte de sa culture et en s'ouvrant à de nouvelles façons de penser pour justement naviguer dans ces eaux paradoxales.

CHAPITRE 5

Conseils pour tous quand on se sent désemparé

Il est difficile d'aborder une telle rubrique car, en réalité, il n'existe pas de conseils simples et universels qui feraient aller bien tout le monde.

Nous parlerons donc plutôt d'une voie, d'un chemin dans lequel s'engager pour tenter d'entrevoir un peu plus de lucidité dans sa vie. Mais ce chemin est semé d'embûches, d'écueils et il est important de réajuster en permanence son angle de vue en fonction du cours de la vie et de son histoire personnelle.

Une voie pour dompter son esprit

Ainsi, nous pourrions dire qu'il existe une voie pour dompter son esprit, mais l'appliquer est loin d'être simple.

Rappelons-nous : *la souffrance psychique est ce que l'on se raconte.*

Ce n'est pas le monde extérieur qui me fait souffrir, mais c'est ce que je me raconte sur ce monde.

Il est très important d'avoir cela à l'esprit dès qu'on se sent mal. À ce moment-là, il est crucial de se concentrer sur ce que l'on se tricote dans l'esprit. La sérénité, le bonheur, le bien-être passent par là.

Donc si je vais mal, alors il est *crucial de faire une pause.* Et d'observer ce qui se passe.

Tout d'abord revenir dans l'instant présent en utilisant le corps pour cela. C'est très rapide et très efficace. Où sont mes pieds ? Qu'est-ce que je sens dans mes jambes, quelles sont les sensations dans mon dos ? Où sont mes bras et qu'est-ce que je ressens dans chacun de mes doigts ?

Il faut une à deux minutes pour faire ce petit scan corporel. Il permet de s'ancrer un peu.

Puis on peut explorer les sensations dans le corps.

Et ensuite *nommer les émotions* : qu'est-ce que je ressens là maintenant comme émotion ?

Vous pouvez utiliser le lexique des émotions pour mettre plus facilement des mots. « Je suis triste ? J'ai peur ? J'ai honte ? Je suis anxieux ? » Peu importe ce que vous trouvez, vous vous êtes connecté avec votre émotion et c'est déjà très important.

Ensuite observez si votre esprit est agité et les pensées qui vous obsèdent : c'est votre souci du moment. Ces pensées sont certainement en rapport avec le passé ou avec le futur. Observez si vous êtes en train de faire des hypothèses sur le futur à partir du passé ou du présent. Du mieux que vous pouvez prenez du recul sur ces pensées, et dites-vous qu'il ne sert à rien de prédire. La vie est chaotique et la seule chose sur laquelle on a une prise c'est le présent.

Respirez et cessez de vouloir résoudre des problèmes ou trouver une solution. Baissez les armes un instant. Plutôt que de vous agiter pour trouver une solution commencez par prendre conscience du problème dans sa totalité. Avant de prendre la route, vous regardez d'abord un plan et évaluez les distances, la quantité d'essence nécessaire, le temps du trajet et l'état de votre voiture.

Eh bien là, c'est pareil. À chaque instant il est bon d'avoir un panorama de la situation avant d'agir. Or souvent le pilotage automatique nous fait prendre la route sans avoir pris conscience des réalités.

Une fois que vous êtes connecté à vous-même, acceptez vraiment de souffrir. *Acceptez de vivre cette épreuve qui se présente à vous.* Dites-lui oui à 100 %. Et donnez-vous les moyens optimaux pour faire face à cette situation.

Accepter de souffrir dans cet instant ne revient pas à adopter une attitude masochiste. Ce n'est pas parce que l'on accepte ce qui se passe que l'on se résigne.

Accepter c'est accueillir. C'est se mettre en rapport avec la situation comme on se met en rapport avec un tableau. Je peux choisir de regarder superficiellement un tableau en disant qu'il est joli ou laid. Je peux aussi choisir de me mettre face au tableau et me laisser imprégner de l'expérience de regarder vraiment ce tableau. Que se passe-t-il en moi, suis-je émue ? En prenant un peu de temps face au tableau en quittant mes représentations habituelles, je peux alors ressentir que la vibration des couleurs provoque en moi une excitation, que la délicatesse du trait me donne envie de pleurer, que je suis intriguée par une ombre ou le regard d'un portrait. Tout cela arrive sans mon contrôle, sans ma volonté. *Il s'agit de l'expérience nue au-delà des notions de bien et de mal ou de beau et de laid.*

Ainsi, s'asseoir un instant pour faire face à son état émotionnel revient à se mettre en rapport à ce qui se passe réellement, plus en profondeur.

On ne peut être en rapport à la vérité que si on prend le temps de s'y confronter. Or, souvent, lorsque c'est douloureux, nous cherchons à fuir et nous privons de la possibilité d'accéder à nous-même.

N'oublions pas que la souffrance fait partie de la vie. Qu'il ne sert à rien de fuir, car une nouvelle souffrance arrivera de toute façon.

Rappelons-nous également que ces souffrances-là ne sont pas grand-chose. *On ne meurt pas d'être triste, d'avoir peur ou de se sentir fragile.*

Par ailleurs, regarder ce qui se passe en nous est le meilleur guide pour connaître nos désirs profonds, pour faire des choix.

Les personnes qui passent leur temps à se fuir ne se connaissent pas bien et ont du mal à prendre les bonnes décisions. En général, elles font des choses impulsivement soit parce qu'elles suivent leurs pensées, soit parce qu'elles font ce que les autres leur suggèrent.

Rappelons-nous donc que la liberté passe par la connaissance de soi-même. C'est avec son être que l'on avance, pas avec des concepts et des généralités.

Maintenant demandez-vous ce qui se joue là.

Est-ce une réaction émotionnelle adaptée, par exemple la peur avant un examen. Ou alors est-ce un peu disproportionné ?

Comprendre ses schémas intérieurs

Posez-vous maintenant la question de vos schémas. Vous pouvez vous aider du lexique des schémas (p. 187). À ce moment est-ce l'un de vos schémas habituels qui vous fait souffrir ? Par exemple, est-ce parce que vous vous sentez coupable de ne pas aider quelqu'un que vous allez mal ? Est-ce parce que vous n'osez pas dire non comme d'habitude ?

Est-ce votre narcissisme qui fait que vous ne supportez pas d'être dévalorisé ?

Si vous souffrez, c'est qu'il y a quelque chose d'irrationnel qui se joue.

Plus vous vous connaîtrez, plus vous saurez pourquoi vous avez des réactions autodestructrices.

C'est pourquoi la psychothérapie est une aide excellente pour faire face à ses émotions douloureuses et reprendre un peu de contrôle sur sa vie, bien qu'il ne s'agisse pas du contrôle de la volonté. Nous dirons plutôt : être plus lucide. En effet, la psychothérapie aide à repérer nos habitudes mentales en ciblant les nœuds qui se réactivent régulièrement. Elle permet de mettre un peu d'ordre dans le magma de la confusion mentale. Tout ce que vous apprenez sur vous-même peut vous être utile dans les moments de fragilité.

N'oubliez pas : être un individu sain, c'est être rationnel, c'est-à-dire ancré dans la réalité de l'instant, à l'écoute de ses besoins, apte à y répondre seul ou en sollicitant les autres de façon adaptée et en n'étant en aucun cas autodestructeur. Et agir à chaque instant en accord avec ses valeurs.

Demandez-vous si dans cet instant vous êtes autodestructeur ? C'est-à-dire êtes-vous en train de vous critiquer ? Êtes-vous en train d'exiger de vous des choses trop difficiles ? Êtes-vous en train de nier un besoin fondamental ?

Être au présent

Revenez donc à écouter *votre besoin du moment.* C'est la seule chose rationnelle à faire.

Votre besoin, c'est le besoin du moment pas celui de demain.

Un besoin c'est : avoir soif, avoir faim, avoir envie de se reposer, avoir envie de bouger, envie d'être allongé sur l'herbe. Ou alors d'être tranquille dans un canapé. Ou alors de voir des amis et rire. Ou alors de prendre en main un dossier professionnel pour exciter son intellect, ou parler à son patron.

Nos besoins sont physiologiques ou sociaux ou en rapport avec nos valeurs.

Nous avons tous des besoins à chaque instant. Ce qui nous fait aller mal c'est de ne pas en être conscient à cause de nos schémas.

Par exemple, si j'ai un schéma d'abnégation et que mon besoin est de me reposer ce soir, je vais aller rendre service à un ami plutôt que d'écouter mon besoin quitte à être encore plus fatiguée les jours suivants.

Écouter ses besoins, ce n'est pas être égoïste. Car, dans nos besoins, il y a des besoins relationnels. Nous avons aussi besoin d'amour, de chaleur, d'empathie. Nous pouvons solliciter les autres pour ces besoins. Appeler un ami pour qu'il nous réconforte. Demander à notre fiancé de nous prendre dans ses bras.

Vous verrez que si vous satisfaites vos besoins à chaque fois qu'ils se présentent dans la mesure du possible, vous vous sentirez ressourcés. Souvenez-vous des vacances. C'est souvent une période où on se sent bien car l'on s'autorise à répondre à nos besoins les plus fondamentaux : boire quand on a soif, dormir quand on a besoin, jouer, s'amuser, courir ou manger selon nos envies.

Eh bien, on oublie souvent cela dans la vie quotidienne, non pas parce que ce n'est pas possible, mais parce que nos schémas se déclenchent beaucoup plus dans les situations où l'on est confronté à l'autorité, aux conflits, à la solitude, aux difficultés matérielles : dépendance, assujettissement, exigence, compétition, recherche d'approbation et reconnaissance.

Et puis, comme nous l'avons évoqué, en vacances nous sommes beaucoup plus en prise avec le réel.

Donc quand vous allez mal, revenez à l'attitude de vos vacances : respectez votre corps et ses besoins essentiels et méfiez-vous de votre esprit, il vous tend des pièges ! restez présents pour déjouer ces pièges !

Pour adopter cette attitude d'écoute de soi, il faut bien sûr admettre qu'on y a droit. Or bon nombre de personnes sont convaincues qu'il est mal de s'occuper de soi, que c'est être égoïste.

Souvenez-vous : premièrement, dans cette société difficile qui nous demande beaucoup, nous avons besoin d'être solides pour affronter les épreuves. Or, sans s'occuper de soi, on ne peut être solide et avoir une bonne estime de soi pour s'affirmer. Si, dans certaines cultures, l'abnégation est valorisée, en Europe et surtout en France, il vaut mieux avoir un degré de sociotropie moindre ou en tout cas maîtrisé et contrebalancé par une bonne affirmation.

Ensuite, il y a une erreur cognitive car *ce n'est pas parce qu'on s'occupe de soi qu'on oublie les autres.* On peut à la fois prendre soin de soi et des autres. Ce n'est pas du tout ou rien. Les journées sont remplies d'heures et de minutes et si je sais doser je peux me ressourcer et consacrer quand même du temps à aider un ami ou boire un café avec mes collègues.

Enfin, on sait qu'on s'occupe mieux des autres quand on n'est pas en train de ruminer. Nos névroses nous coupent de la vie autour de nous. On se ferme et on n'est plus attentif aux autres. Les autres, leurs réactions sont interprétées avec le filtre de mon ego et tout est ramené à savoir si je vaux quelque chose, si on m'aime assez, etc. Lorsqu'on a une bonne estime de soi, on n'est plus aussi susceptible ou en demande affective. On est calme et entièrement disponible aux autres.

Enfin, je voudrais dire qu'écouter ses besoins et y répondre n'est pas une attitude infantile qui consisterait à se faire plaisir.

Nous l'avons dit plus haut : se faire plaisir c'est souvent plutôt se soulager d'une frustration.

Or ici il s'agit de se confronter à la frustration, la voir dans toute son ampleur, prendre du recul et décider ce qu'il y a de mieux à faire en utilisant son intelligence lucide. Il s'agit donc de décrocher du pilotage automatique pour mieux penser.

On ne dira jamais assez l'importance de savoir faire des pauses avant d'agir !

Si ces conseils ne suffisent pas à vous apaiser, c'est normal car tout cela n'est pas simple du tout.

Quand on est aux prises avec la souffrance psychique, nos pensées sont tellement fortes et paraissent si vraies qu'il est très difficile de s'en détacher. Une psychothérapie sert vraiment à repérer ces nœuds de souffrance en les mettant en perspective avec notre histoire. Il ne faut pas hésiter à le faire pour y voir plus clair et être plus lucide.

Se connaître est la meilleure arme pour affronter ce monde complexe...

Si je ne connais pas toutes les fonctionnalités et caractéristiques d'un avion, je ne peux le piloter efficacement. Soi, c'est pareil. Si on est dans le flou, on va se diriger dans les mauvaises directions...

Développer la bienveillance envers soi

Si maintenant vous êtes conscient de votre besoin, nommez-le.

Pour y arriver plus facilement, demandez-vous : « Qu'est-ce que le petit garçon (ou la petite fille) en moi ressent maintenant ? De quoi a-t-il (elle) besoin ? »

Le fait de passer par l'enfant intérieur vous amène automatiquement à *plus de douceur et de bienveillance envers vous-même.*

Répondez à votre besoin du mieux que vous pouvez. Car l'enfant, sinon, se sentira délaissé et sera en souffrance. Un enfant qui a soif, qui a faim, qui veut jouer, peut être désespéré si on ne l'écoute pas. Soyez ainsi avec cette part de vous.

Si vous sentez en vous des pensées de culpabilité, essayez quand même, faites l'essai au moins une fois, cela ne veut pas dire que toute la vie vous serez inconséquent...

Pendant que vous essayez de nourrir l'enfant intérieur, gardez en tête vos buts à long terme, vos valeurs. C'est la part adulte sainte en vous qui sait vers où elle va.

La part de dignité qui traverse les difficultés la tête droite.

Vers vos valeurs

Et, dès que vos besoins physiologiques sont satisfaits, que vous vous sentez apaisé, alors agissez pour vos valeurs.

Tous les jours, à chaque minute, ayez conscience de vos valeurs, de vos directions de vie.

Elles sont votre cap.

Et chaque jour entreprenez des actions, même minimes dans la direction de ces valeurs.

Une bonne journée est souvent une journée où on a fait des choses en accord avec soi : avoir appelé un ami malade, avoir fini un dossier professionnel, avoir pratiqué des loisirs, avoir pris soin de sa santé en allant par exemple chez le dentiste, avoir exprimé son amour à son partenaire, avoir fait un geste civique comme par exemple tenu la porte dans le métro, etc.

L'action est souveraine, car elle nous donne un sentiment de maîtrise de sa vie, d'être l'acteur principal, d'avoir le choix, d'être libre en somme.

Cette étape-là est souvent difficile.

En effet, on remarque que la plupart des personnes font dépendre leurs actions de leurs humeurs.

Or il est crucial de *séparer ses actions de ses humeurs.* Ce n'est pas parce que je me sens déprimée que je dois cesser toute activité, me replier en boule dans mon lit et ruminer.

Le courage d'affronter une action tout en ayant une tristesse au fond de soi se développe avec la pratique de la méditation. En effet, que fait-on lorsque l'on s'entraîne à la méditation ? On apprend à tenir dans la difficulté, dans la tempête. Rappelez-vous la métaphore du bateau. *Méditer, c'est apprendre à tenir fermement le gouvernail même dans la tempête la plus houleuse et maintenir son cap.*

L'utilité de la méditation

Ainsi, je ne peux que recommander une *pratique quotidienne* de méditation.

Plus on pratique cela, plus on développe une vision panoramique et stable de la réalité, par-delà les pensées confuses. *Méditer, c'est apprendre la dignité dans l'épreuve* pour rester un humain éthique.

Il existe de nombreuses formes de méditation, mais n'oublions pas que l'enseignement de Bouddha consistait à se détacher des illusions de l'esprit pour atteindre le non-ego et percevoir la vacuité du monde. La vacuité n'étant pas le vide, ou un certain nihilisme mais au contraire le vaste du monde qui apparaît quand on ne l'interprète plus en fonction de notre ego.

Si l'on reprend la métaphore du bateau, si je prends le bateau en ne pensant qu'à *mon* confort pendant la traversée. Si je pense que chaque vague a été créée pour *m'ennuyer moi* et que ce sont des ennemis qui me les mettent sur *mon* chemin. Si je cherche à manipuler l'océan pour qu'il réponde à *mon désir* de calme, alors je vais être un bien piètre navigateur ! car je serai complètement à côté de la réalité, je vais me créer des nœuds au cerveau pour rien. Je vais passer mon temps à vouloir éviter les tempêtes et dériver jusqu'à couler.

Ainsi, par la pratique de la méditation, nous devenons plus *intelligents*.

La façon la plus simple de pratiquer est de s'asseoir sur une chaise ou alors sur un coussin de méditation, le dos droit, la tête le plus haut possible, les épaules ouvertes, le menton légèrement rentré et les mains sur les genoux.

Nous nous posons et nous laissons être tout ce qui survient. Nous adoptons l'attitude d'un enfant qui regarde un spectacle de guignol : il est totalement curieux, ne sait absolument pas ce qui va se passer, ses yeux sont grands ouverts et il ne juge pas qu'il faille enlever tel ou tel personnage de l'histoire. Pour lui chaque élément a un sens, rien n'est à jeter.

Ainsi, lorsque nous méditons, nous adoptons une posture de spectateur de tout ce qui survient. Quel que soit ce qui survient. Il n'y a aucun but. On peut donc observer ses pensées qui surgissent anarchiquement dans l'esprit. On peut observer une douleur et en percevoir l'intensité, les variations, les ondulations. On peut observer le calme. Il s'agit de ne rien faire pour influer sur le cours des choses. Ce qui est est.

Cette attitude, nous avons beaucoup de mal à l'adopter dans la vie de tous les jours, surtout si l'on est aux prises avec un problème relationnel intense, un stress. Nous cherchons alors rapidement à trouver une solution, en manipulant le cours des choses. Nous nous crispons. Cette attitude, il va être difficile de la changer.

Laissons donc cette attitude volontariste qui aime résoudre des problèmes et trouver des solutions pour le reste de notre journée.

Mais, là, accordons-nous une pause pendant cette méditation. Donnons-nous la possibilité de fonctionner autrement, pour voir ce que cela fait de ressentir tout simplement, de respirer en le sentant à travers nos narines, nos sinus, notre cage thoracique.

Cette présence à nous-même et au monde environnant, nous pouvons la voir comme un hommage à notre corps, à notre appartement, à nos voisins qui marchent au-dessus dans cet instant.

Soyons en contact avec le réel au moins un peu dans notre journée, c'est-à-dire *sans chercher à modifier quoi que ce soit.*

Il ne s'agit pas de se détendre parce que cela serait un but à atteindre et donc l'exact contraire de la démarche de la méditation.

Mais il est vrai qu'il est très relaxant de laisser être, même la plus profonde tristesse.

Si l'on est agité de pensées sombres, alors notons que nous avons ces pensées. Ce ne sont que des pensées.

Plus l'esprit est agité, plus il est important de revenir au souffle. Car l'ancrage dans la réalité des mouvements de la respiration qui ne dépend pas de notre volonté est une bonne façon de nettoyer un peu la confusion, même si on ne cherche pas à supprimer l'émergence des pensées, mais à les voir comme des phénomènes éphémères. Ce mouvement-là de revenir à l'instant présent quand on est déprimé, très angoissé est très difficile. C'est pourquoi, beaucoup de personnes ont du mal à méditer seules.

Mais il est bon de s'y entraîner, en commençant peut-être par dix minutes par jour, puis vingt.

Il est bon aussi de se mettre une minuterie avec un temps décidé avant la méditation. Car sinon on risque dès la moindre contrariété, ou alors sur une idée d'action forte comme par exemple passer un coup de téléphone urgent, d'interrompre sa méditation.

Il faut parfois des années de pratique quotidienne pour atteindre une certaine lucidité solide, même dans les moments difficiles. Ce qui doit nous animer, c'est donc une grande foi dans le fait que la méditation puisse être utile. C'est pourquoi lire des livres en rapport avec la méditation ou alors écouter des enseignements, ou pratiquer avec des personnes qui sont plus avancées permet de donner de la motivation.

Être libre et sincère

Il est important, en dehors de ces espaces de méditation, de travailler à être en contact avec soi.

Nous avons vu que la liberté s'invente tous les jours et qu'elle passe par l'acceptation inconditionnelle de soi, de ses ressentis et par une ouverture du cœur authentique dans la relation.

Ainsi, ayons à l'esprit que chaque geste, chaque parole, chaque acte de notre vie dans une journée, doive tendre à être le plus juste, le plus vrai possible. Essayons de ne jamais nous mentir à nous-même.

Avant de dire oui ou non à un projet, prenons le temps de sentir ce que l'on désire vraiment profondément dans cet instant.

Il est difficile d'être vrai, et on peut s'en rendre compte quand on essaye de pratiquer cela intensément.

Il m'arrive très souvent de parler sans avoir dit vraiment ce que je voulais dire, d'être dans une relation en jouant un peu un rôle pour plaire ou avoir de la reconnaissance. Même si j'essaye chaque jour d'être sincère, mon ego me rattrape encore souvent pour tenter de manipuler le monde pour mon confort.

Il faut savoir que c'est normal, la nature humaine est ainsi.

Nos efforts ne sont jamais définitifs. Tout ce que nous entreprenons pour aller mieux, nous allons devoir le recommencer encore et encore car l'esprit est plus fort que tout.

C'est pourquoi les moines bouddhistes les plus éveillés pratiquent encore la méditation ! Rien n'est jamais acquis, c'est la douloureuse condition humaine.

Toutefois, plus on tend à avoir les idées claires, plus elles le sont et moins les efforts sont coûteux ! N'attendez donc pas, vous avez du pain sur la planche !

Il ne faut plus rien attendre de nos efforts, cette assertion est aussi un paradoxe. En lisant ce livre, vous attendez une solution, probablement. Et pourtant il n'y a aucune solution. C'est aussi cela l'enseignement de la méditation : ne rien rechercher, faire le *jeûne de la volonté,* comme le soulignait Lao-tseu.

Développer une conscience attentive au monde tel qu'il est d'instant en instant sans s'accrocher à rien paraît extrêmement complexe. Ce lâcher-prise effraie au plus haut point bon nombre de personnes. Pourtant il n'implique pas de ne rien faire. Il implique de développer une action plus fluide, réinventée par les enjeux réels et non par des concepts.

J'aime l'image du funambule qui, même si son but est d'atteindre un point, doit être absolument présent et concentré à chaque pas pour que chaque pas soit parfait et maintienne son équilibre. Ainsi, il a plus de chances d'atteindre son but que s'il marchait tout droit en se focalisant uniquement sur celui-ci !

Mais on a très peur de s'abandonner au cours de la vie, c'est assez incroyable.

C'est culturel, c'est notre société qui est ainsi. Pourtant peu à peu, les gens se relâchent. On se rend bien compte qu'on n'est pas tout-puissant et qu'il faut revenir en arrière dans nos fantasmes de toute-puissance. Le rationalisme calculant a montré ses limites.

Conclusion

Dans ce livre, nous avons évoqué les outils de psychothérapie les plus récents, que ce soient les outils de la troisième vague des thérapies cognitives et comportementales (thérapie ACT, thérapie des schémas, thérapie MBCT...), mais aussi les travaux d'Albert Ellis, ceux d'Alice Miller.

Bien sûr, il s'agit de l'essentiel de leur message et les lecteurs sont invités à approfondir la connaissance de ces techniques et travaux en se référant aux ouvrages de la bibliographie ou d'autres ouvrages de ces auteurs.

Le message essentiel est surtout de montrer que l'on vit une période assez particulière dans le soin de la souffrance mentale et même la compréhension de ce qu'elle est.

On souffre de plus en plus de troubles névrotiques et cette souffrance est en rapport avec le mode de vie de la société industrialisée. Nous luttons car nous refusons de traverser les épreuves de la vie, en acceptant de ressentir notre vulnérabilité, au nom de l'idée d'un bonheur absolu.

L'homme d'aujourd'hui a en effet de plus en plus les moyens de contrôler son destin : il vit de plus en plus longtemps, il peut retarder les signes de vieillissement, il peut décider de faire des enfants au-delà de ce que la biologie permet, il assure assez facilement son confort essentiel comme se nourrir, avoir un toit, etc.

Mais il est des domaines où l'homme ne peut rien maîtriser : la relation à l'autre, être aimé ou pas, ses propres émotions, sa finitude d'être mortel.

Si l'homme n'est pas assez sage, il risque de s'enfermer dans une lutte autodestructrice. Il risque de ne plus être en rapport avec le réel, avec ce qui fait le merveilleux de la vie parce que chaotique et imprévisible : la délicatesse d'une fleur, la joie de retrouver un ami, le miracle d'aimer sincèrement, les rites qui fondent la vie en communauté et donnent le sentiment d'avoir vraiment sa place.

En somme, ce qui fait de lui un humain véritable.

Il a donc intérêt à travailler sur son esprit et à lâcher ce à quoi il s'accroche irrationnellement, c'est-à-dire son ego et vouloir tout contrôler pour le satisfaire.

Cette lucidité et cette intelligence nouvelles que notre temps exige de manière très spécifique peuvent être permises par les nouvelles psychothérapies, qui donnent l'espoir de pouvoir s'adapter à cette donne qu'est la découverte de l'esprit et de ses turpitudes.

S'ouvrir à cette sagesse moderne fait entrevoir par ailleurs des perspectives neuves : en pensant mieux, on peut contribuer à améliorer la société et les rapports humains, avec moins de violence, moins de course au profit, à l'argent et un plus grand respect de cette Terre qui nous abrite.

Cette perspective humaniste, nous sommes de plus en plus nombreux à la souhaiter et l'idée que c'est en pensant mieux qu'on peut y arriver est déjà évoquée par certains cognitivistes (comme Ellis, Beck ou Young), mais aussi par Jon Kabat-Zinn qui promeut le développement de la pleine conscience dans les entreprises et les écoles ou les moines bouddhistes comme le dalaï-lama ou Matthieu Ricard. C'est d'ailleurs un des projets du Mind and Life Institute : par la méditation et une intelligence plus ouverte et compassionnelle, nous pouvons mieux nous adapter au monde d'aujourd'hui et contribuer à aller dans un sens éthique, responsable et non violent.

C'est peut-être le formidable enjeu de nos métiers de psychiatre et psychothérapeute. Et ceux qui passent le pas d'une consultation ne devraient donc pas avoir honte.

« Il est des ignorants qui n'ont jamais passé une nuit à la recherche de la vérité, qui n'ont jamais fait un pas en dehors d'eux-mêmes, qui se montrent revêtus d'habits de grands seigneurs et qui se plaisent à dénigrer ceux dont la conduite est irréprochable. » (Omar Khayyam[1].)

1. Omar Khayyam, *Quatrains,* 184, trad. J.-B. Nicolas, Paris, Maisonneuve, 1981.

ANNEXES

Les schémas dysfonctionnels précoces de Jeffrey Young ou l'origine de la répétition des comportements

MANQUE AFFECTIF

Le sujet a l'impression de manquer de compréhension, d'empathie et d'affection de la part des autres. Il se plaint de cela de manière exagérée et peut être collant ou alors manifester cela par des plaintes physiques (douleurs au ventre, maux de tête). Comme il est persuadé depuis toujours que les autres ne peuvent répondre à ses besoins (souvent parce que cela a été le cas dans son enfance), il ne sait pas les exprimer et ne reçoit donc par conséquent pas d'affection. Et il choisit la plupart du temps des partenaires froids et distants qui vont encore le frustrer sur le plan affectif.

Le traitement de ce schéma consiste à exprimer ses besoins, se montrer vulnérable et choisir des partenaires désireux d'y répondre. Lorsque le sujet observe qu'en se montrant fragile les autres sont présents et affectueux, il déprogramme l'idée qu'il ne recevra jamais d'affection.

ABANDON/INSTABILITÉ

Le sujet a l'impression permanente que les relations ne peuvent pas durer. Il détecte le moindre signe d'abandon, est tout le temps sur le qui-vive. Il va parfois rejeter les autres de peur d'être rejeté et choisir des partenaires non disponibles susceptibles de le quitter. Le traitement consiste à développer l'autonomie et l'estime de soi, à développer une idée de la relation comme pouvant durer, à travers la relation thérapeutique notamment et la gestion des absences du thérapeute.

MÉFIANCE/ABUS

Le sujet est persuadé que les autres sont malveillants. Il les teste souvent pour se prouver qu'ils ne sont pas dignes de confiance. Il passe pour paranoïde ou alors est le défenseur des opprimés. Il peut maltraiter les autres car il préfère maltraiter avant d'être maltraité. Il est donc la victime et l'agresseur à la fois.

Le traitement vise à travailler sur les traumatismes à l'origine de la méfiance. Développer un *a priori* du doute positif et s'ouvrir plus en sc montrant vulnérable

ISOLEMENT SOCIAL

Le sujet a l'impression d'être à part, d'être particulier, de ne pas être comme les autres. Dans les groupes, il éprouve tout le temps le sentiment d'être exclu ou s'isole lui-même. Il ne se sent pas adapté en général. Ce schéma naît dans l'enfance, faisant souvent suite à une cause réelle de différence avec les autres enfants de l'école : handicap physique, talent particulier, taille différente (plus grand plus petit, plus gros), niveau social significativement différent. L'enfant inscrit alors dans son disque dur l'idée qu'il n'est pas comme les autres et toute sa vie le sujet va alimenter cette idée en ne retenant que les informations qui vont dans ce sens.

Le traitement consiste à observer chez tout individu nouvellement rencontré les ressemblances plutôt que systématiquement les différences de manière à cultiver le sentiment d'appartenance à des groupes.

IMPERFECTION/HONTE

Le sujet se sent imparfait profondément, il a l'impression d'avoir quelque chose de mauvais en lui. Tout est prétexte à alimenter cette idée : défaut physique, émotions, statut social, etc. Il est très sensible à la critique et au rejet et se dévalorise sans cesse en laissant les autres le dévaloriser. Ce schéma est souvent la conséquence des humiliations subies dans l'enfance ou d'abus sexuels, l'enfant intégrant qu'il est à l'origine de l'abus et de quelque chose de honteux. Le traitement vise bien évidemment à faire accepter l'idée qu'un humain a le droit d'être imparfait mais aussi à retravailler les cognitions lors du traumatisme, en EMDR par exemple.

NON-DÉSIRABILITÉ SOCIALE/RECHERCHE D'APPROBATION ET RECONNAISSANCE

Ce schéma est très fréquent. Il est lié à la volonté de plaire, d'être félicité. Le sujet fait dépendre son estime de lui de la reconnaissance des autres. Si les autres l'approuvent, alors il pense qu'il vaut quelque chose. Il va accorder beaucoup d'importance à l'apparence physique, au statut, aux signes extérieurs de réussite. Il va se comparer aux autres, les admirer beaucoup et il ne saura pas être authentique car toujours désireuse de séduire et d'être accommodant.

Le traitement vise à ce que le sujet apprenne à être authentique, accepte de ne plus plaire à tous et comprenne qu'en étant lui-même il pourra répondre à ses besoins fondamentaux plutôt que de les nier.

ÉCHEC

Le sujet est persuadé qu'il lui manque quelque chose pour réussir, et se compare aux autres en proférant sans cesse qu'il a raté. Il se sabote souvent professionnellement ou alors travaille comme un acharné en se disant qu'il lui faut en faire plus que les autres pour réussir. Même s'il réussit, il sent toujours qu'il est au bord de l'échec. Et cet échec est une prophétie qui s'autoaccomplit.

Le traitement consiste à comprendre que la notion d'échec n'existe pas vraiment.

Si, par exemple, moi je me sens en échec par rapport à un coureur cycliste, c'est absurde car je ne fais pas de vélo.

Et si je me sens en échec par rapport à un grand professeur de psychiatrie, c'est absurde aussi car soit je veux atteindre son niveau, et dans ce cas je lui demande des conseils et développe mes compétences, soit je décide que je n'ai pas les compétences scientifiques pour par exemple, et dans ce cas, ce n'est pas un échec mais une limite de mes compétences. On aide donc le sujet à bien évaluer ses compétences et les développer si besoin pour atteindre ses objectifs.

DÉPENDANCE/INCOMPÉTENCE

Le sujet est persuadé qu'il a besoin des autres pour accomplir des tâches de la vie quotidienne, prendre des décisions, etc. Il a du mal à gérer ses finances seul, à voyager seul, à conduire une voiture seul. Il se sent incompétent et demande sans cesse des avis. En général, il attend un expert qui lui dira que faire ou un produit miracle qui le soignera du stress engendré par ce sentiment de dépendance mais dont il n'a pas conscience.

Le traitement vise à développer l'autonomie, à faire des choix, seul, quitte à se tromper pour apprendre de ses erreurs. Dans la relation thérapeutique, il faudra souvent demander son avis au sujet et lui faire prendre des décisions plutôt que jouer le rôle de guide qu'il nous demande d'endosser.

Il y a des personnes qui luttent contre leur schéma en devenant contre-dépendantes, c'est-à-dire à insister pour tout faire par elles-mêmes, mais en se sentant toujours épuisées. Pour ces sujets, reconnaître leur dépendance peut être un soulagement puis apprendre à discerner la limite entre ce qu'ils savent faire et en quoi les autres peuvent les aider est important.

PEUR DU DANGER ET DE LA MALADIE

Le sujet est tout le temps sur le qui-vive et anticipe toutes les catastrophes possibles : maladie, déchéance financière ou attaque violente. Ce schéma est souvent transmis par des parents anxieux qui prédisaient souvent les dangers et cherchaient à les anticiper. Ce schéma est très lié au trouble d'anxiété généralisée. Le traitement consiste surtout à développer le fait d'être dans l'instant présent et rassurer l'enfant intérieur apeuré, en permettant à la part adulte de saisir qu'elle saura faire face aux dangers s'ils se présentent.

FUSIONNEMENT/PERSONNALITÉ ATROPHIÉE

Le sujet est totalement fusionné avec un proche, que ce soit son partenaire ou un ami ou encore le parent qui a induit le schéma. Il ne sait pas penser par lui-même, se sent coupable s'il s'éloigne du parent ou de son substitut. Ils se disent tout, s'appellent tous les jours. Le sujet n'a pas de vie intime propre et se sent coupable s'il met des limites. La vie de l'autre lui semble plus réelle que la sienne : le personnage parental est l'étoile et il est le satellite.

Le traitement consiste à développer l'autonomie du sujet à comprendre qu'il n'est pas l'identique ou l'opposé de son parent, qu'il peut mettre des limites ou s'éloigner sans que l'autre s'effondre, et qu'il a une existence propre et singulière.

ASSUJETTISSEMENT

Le sujet vit les relations souvent sous forme de soumission à une autorité ou au contraire en rébellion contre l'autorité. Pour lui, il y a les dominants et les dominés. Il se sent d'emblée assujetti face à son partenaire ou d'autres relations. Il n'ose pas s'exprimer de peur d'être puni. Il est persuadé que s'il est lui-même il sera rejeté ou puni. Il lutte contre son schéma soit en s'opposant et se rebellant contre toute forme d'autorité, soit en s'isolant car il se sent étouffé par les relations intimes.

Le traitement consiste à comprendre qu'aucun humain n'a le droit d'assujettir un autre, que le sujet a les mêmes droits que les autres et que dans une relation on peut s'exprimer. Si la personne est saine, elle ne punira pas le sujet s'il s'exprime, s'il est en colère ou en désaccord, à partir du moment où il le montre de manière adaptée. Retravailler les scènes de l'enfant qui a été assujetti par ses parents peut être utile pour lui faire exprimer sa colère et son désaccord.

ABNÉGATION

Le sujet est très touché par la souffrance des autres et fait souvent passer leurs besoins avant les siens. En réalité, il souffre souvent de manque affectif mais ne sait pas exprimer ses propres besoins.

Il donne beaucoup aux autres mais à un moment ou un autre il finit par être en colère et éprouver du ressentiment, pouvant rejeter les objets de son abnégation. Il se sent coupable de ne pas assez donner. Il attire souvent des gens qui ont besoin de son aide, mais les autres ne lui rendent jamais assez ce que lui leur a donné, ce qui génère des difficultés relationnelles.

Le traitement consiste à diminuer ce sentiment de responsabilité exagéré vis-à-vis des autres. Le sujet doit apprendre à se montrer vulnérable, à exprimer ses besoins et être plus authentique dans la relation pour ne pas rejouer les scènes d'enfance où il pouvait être le « thérapeute » des parents au détriment de la satisfaction de ses propres besoins.

SURCONTRÔLE ÉMOTIONNEL

Le sujet a appris à cacher et refouler ses émotions car pour lui c'est mal d'exprimer sa colère, par exemple, cela risque de faire du mal aux autres. Du coup, il peine à se montrer chaleureux, à être spontané et supporte parfois difficilement les réactions émotionnelles des autres.

Le traitement consiste à travailler sur l'expression adaptée des émotions, montrer que toute émotion est humaine et qu'on peut toutes les exprimer sans faire de mal aux autres ou être humilié ; que cela permet d'entrer en relation de manière plus sincère et plus authentique.

IDÉAUX EXIGEANTS/CRITIQUE EXCESSIVE

Le sujet ressent une pression permanente, car les choses ne vont pas assez vite, ne sont pas assez bien faites. Il est très perfectionniste et ressent une peur intense d'échouer ou de ne pas faire assez bien. Son niveau d'exigence est tel qu'il est épuisé et il est très critique avec les autres. Il ne se rend pas compte de cette exigence la plupart du temps, et elle touche presque tous les domaines de sa vie.

Il s'agit d'une réaction la plupart du temps narcissique. Le sujet a l'impression que s'il ne fait pas tout parfaitement, alors il est le dernier des derniers. Il s'agit donc souvent d'une compensation pour d'autres schémas.

Le traitement consiste évidemment à lâcher prise, à accepter l'imperfection humaine, sa propre imperfection et de cesser de courir après ses idéaux uniquement mais privilégier le repos, le bien-être et les rapports humains. Il doit accepter sa part d'« ordinarité » et comprendre que cela lui apportera un soulagement.

DROITS PERSONNELS EXAGÉRÉS/GRANDEUR

Le sujet a l'impression qu'il est quelqu'un de spécial et qu'il faut le traiter de manière particulière. Il n'aime pas qu'on lui dise ce qu'il doit faire, il n'aime pas être limité. Il pense qu'il est au-dessus des autres. Il agit en « enfant gâté », soit parce que, enfant, on lui passait tout et qu'il ne connaissait pas les limites, soit pour compenser un sentiment sous-jacent d'imperfection et de honte.

Le traitement vise donc à comprendre la notion de réciprocité dans la relation, à tolérer la frustration et diminuer la compensation narcissique, encore une fois considérer que le sujet et les autres autour de lui ont la même valeur.

CONTRÔLE DE SOI/AUTODISCIPLINE INSUFFISANTS

Le sujet a du mal à tolérer la frustration, il est impulsif. Il ne peut s'empêcher de boire, de fumer ou de manger excessivement et il a du mal à mener à bien des projets à long terme surtout s'ils exigent de la concentration et de la discipline. Il est dans une recherche permanente de confort et de plaisir.

Le traitement consiste à tolérer la frustration, à accepter l'inconfort, à développer la concentration. La méditation de pleine conscience est un très bon entraînement à cela, puisqu'elle développe l'attention, l'acceptation de la douleur et des émotions désagréables. Elle diminue donc l'impulsivité.

Le modèle cognitif de la dépression de Segal, Teasdale et Williams

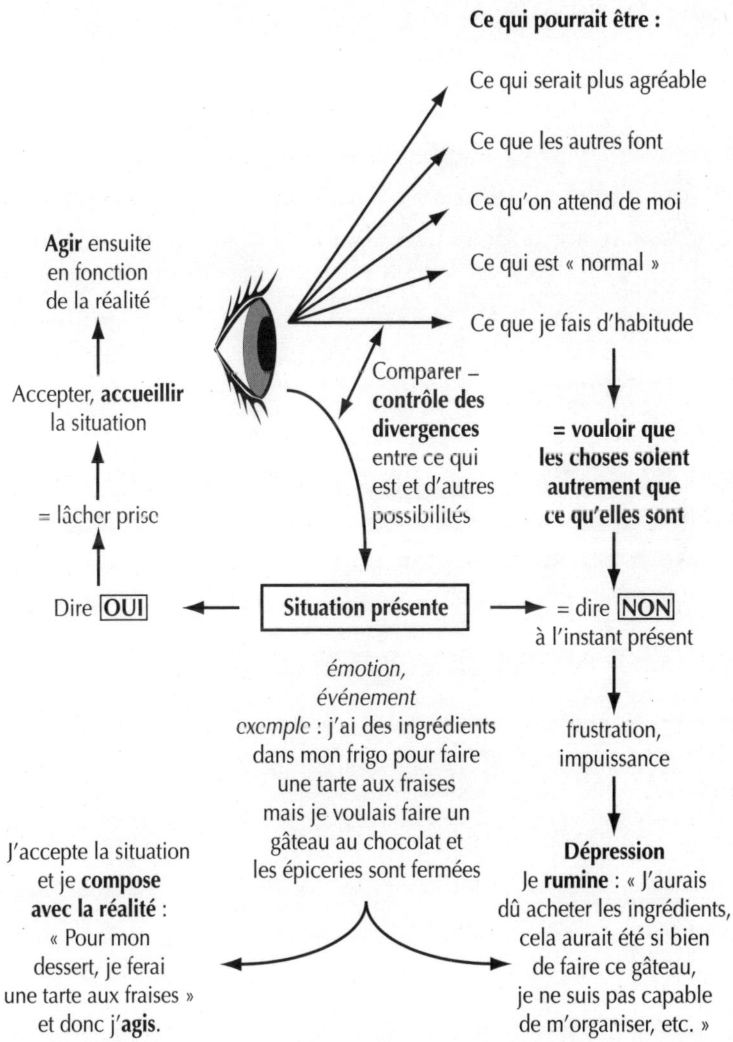

Le lexique des émotions (d'après Dominique Page)

DÉCRIRE LES NUANCES DE L'AMOUR

Être admiratif
Être en adoration, adorer
Avoir de l'affection
Ressentir de l'amitié
Ressentir de l'amour
Être aux anges
Éprouver de l'ardeur, se sentir attaché
Avoir le béguin pour
Se sentir bouillonnant
Éprouver de la chaleur
Avoir le coup de foudre
Vouer un culte
Se montrer délicat envers
Désirer
Être attiré
Être dévoué
Se sentir en harmonie avec
Être enthousiaste pour

Avoir de l'estime pour
Avoir un faible pour
Avoir la fièvre
Accorder ses grâces
Idolâtrer
Se sentir reconnaissant
S'intéresser à
Se sentir intrigué par
Se sentir passionné
Se sentir proche de
Avoir de la tendresse
Être touché par
Vénérer
Croire en quelqu'un
Être émerveillé par
Se sentir complice
Avoir de la compassion
Se sentir solidaire
Se sentir en confiance
Avoir besoin de quelqu'un
Être jaloux
Éprouver de la joie
Se montrer attentionné
Éprouver du respect
S'abandonner

EXPRIMER LA JOIE

Se sentir à l'aise
Être plein d'allégresse
S'amuser

Se sentir avantagé
Se sentir béat
Se sentir bien
Être rempli de bonheur, être heureux
Se sentir réconforté
Être content
Être enveloppé de douceur
Être enchanté
Se sentir enjoué
Être enthousiasmé
Se sentir plein d'entrain
Se sentir épanoui
Se sentir euphorique
Se sentir exalté
Exulter
Se sentir gai, éprouver de la gaieté
Se sentir grisé
Être hilare
Se sentir ivre de bonheur
Jubiler
Être ravi
Avoir du plaisir
Se régaler
Se réjouir
Être satisfait
Sourire
Être détendu, relaxé
Se sentir léger
Être comblé
Se sentir libre
Avoir la tête qui tourne
Avoir la rage de vivre

Être excité
Être optimiste
Ressentir du bien-être
Être plein d'espoir
Voir la vie en rose
Être de bonne humeur
Se sentir apaisé
Être serein
Éprouver de la tranquillité
Se sentir soulagé

EXPRIMER LA COLÈRE

Être agité
Être agressif, sentir monter l'agressivité
Être plein d'aigreur
Avoir de l'animosité
Se faire de la bile
Être en pleine bourrasque intérieure
Avoir du chagrin
Être en colère, coléreux, ou colérique
Être courroucé
Être au bord de la crise
Être plein de dépit
Se sentir frustré
Se sentir en ébullition
Se sentir attaqué
Être en effervescence
S'emporter
Être exaspéré
Être fâché

Sentir le feu monter
Fulminer
Être furieux
Devenir une furie
Ressentir de la haine
Ressentir de la hargne, du mépris
S'impatienter
S'indigner
Exploser, être prêt à exploser
Être irascible
Se sentir contrarié
Être irritable
Être mécontent
Être remonté
Être en rage
Avoir du ressentiment
Être en rogne
Être soupe au lait
Être surexcité
Être agacé
Être susceptible
Sentir la tempête poindre
Chercher vengeance
Se sentir violent
Être hors de soi
Être tendu
Être révolté
Voir rouge
Être à cran
Être à bout
Éprouver de la rancœur
En avoir ras-le-bol

EXPRIMER LA TRISTESSE

Se sentir abandonné
Se sentir abattu, dépité
Se sentir accablé
Se sentir affligé
Être amer
Être sombre
Avoir le bourdon
Se faire de la bile
Se sentir dans les brumes, le brouillard
Avoir le cafard
Être découragé
Être dégoûté
Être déprimé
Être désabusé
Être désenchanté
Éprouver du désespoir
Être désolé
Être en deuil
S'ennuyer
Avoir les larmes aux yeux
Être éploré
Être éprouvé
Avoir des idées noires, voir tout en noir
Être inquiet
Se sentir laid
Être las, éprouver de la lassitude
Avoir mal
Se sentir mal
Se sentir seul

Être malheureux
Être maussade
Être mélancolique
Se sentir moche
Avoir un sentiment de monotonie
Se sentir morose
Être nostalgique
Éprouver un mal-être
Se sentir négatif
Être une pauvre chose
Avoir de la peine
Avoir le cœur serré
Avoir le spleen, le blues
Être triste
Être désemparé
Être déçu
Être en pleurs
Être pessimiste
Se sentir en pleine inertie
Se sentir impuissant
Être résigné
Se sentir en disgrâce
Être bouleversé
Se sentir désorienté, perdu
Éprouver de la douleur
Se sentir seul au monde

EXPRIMER LA PEUR

Être affolé
Être alarmé

Être en alerte
Être angoissé
Être anxieux
Avoir une aversion pour
Craindre
Avoir de l'effroi
Être épouvanté
Être effrayé
Avoir des frissons
Avoir la frousse
Avoir la hantise de
Être inquiet
Se sentir lâche
Être paniqué
Éprouver de l'appréhension
Avoir peur
Avoir la phobie de
Se sentir poltron
Être répugné
Éprouver de la répulsion
Être saisi par
Être stupéfait
Être terrifié, terrorisé
Être intimidé par
Avoir le trac
Être troublé par
Avoir la trouille
Être figé
Se sentir fuyant
Se replier sur soi
Être surpris
Se sentir incertain

Avoir une montée d'adrénaline
Avoir une boule à la gorge
Se sentir paralysé, bloqué
Avoir une grosse frayeur
Être dans l'insécurité
Être stressé

EXPRIMER LA HONTE

Se sentir abaissé
Se sentir abject
Se sentir bas, vil
Se sentir confus
Se sentir coupable
Se sentir déchu
Être dégoûté
Se sentir dégradé
Se sentir déshonoré
Se sentir en échec
Se sentir embarrassé
Se sentir flétri
Se sentir gêné
Avoir honte
Se sentir humilié
Se sentir humble
Se sentir indigne
Se sentir infâme
Se sentir mal à l'aise
Être pudique
Regretter, avoir des regrets
Avoir des remords

Se repentir
Être sur la réserve
Se sentir retenu
Être rouge de honte
Avoir des scrupules
Se sentir taché
Se sentir vilain, moche
Se sous-estimer
Avoir le dégoût de soi
Avoir envie de rentrer sous terre
Être cloué par la honte
Se sentir petit
Avoir envie de disparaître sous terre
Être affecté
Se sentir inconfortable
Avoir un sentiment d'infériorité
Se sentir comme un canard mouillé
Être dans l'embarras
Se sentir rejeté

Exemple de valeurs proposées dans la thérapie ACT (Acceptation et engagement)

Extrait des enseignements de Jean-Louis Monestès et Matthieu Villatte

	IMPORTANCE Noter de 1 à 10	**ACTIONS RÉELLES EN ACCORD AVEC LA VALEUR Noter de 1 à 10**	**ÉCART Noter de 1 à 10**
Mariage/couple/ relation intime			
Parentalité (être un bon parent)			
Famille			
Amitié			
Travail/carrière			
Formation/ développement personnel			
Loisirs			
Civisme			
Spiritualité			
Santé			

Noter d'abord à quel point la valeur est importante pour vous (1 est le minimum, 10 le maximum).

Puis noter à quel point vous faites des choses concrètes dans le sens de cette valeur. Ensuite entourez les trois valeurs que vous garderiez. Puis, s'il n'y en avait qu'une, laquelle serait-ce ?

Observez l'écart entre l'importance et les actions. Peut-être remarquerez-vous que vous n'agissez pas vraiment dans le sens de vos valeurs. Or la santé psychique vient beaucoup du fait qu'on agisse, peu importe le résultat. Par exemple, prendre des nouvelles d'un ami ou l'inviter à dîner est bon, même si l'ami refuse l'invitation. Nous sommes en accord avec nos valeurs profondes, et avons le sentiment de tenir le gouvernail de notre bateau à travers les tempêtes de la vie. Rappelez-vous : être l'acteur principal de sa vie et non la subir, en acceptant qu'on ne puisse maîtriser ce qui nous est extérieur. Faire de chacune de ses journées ce qu'on voudrait faire de sa vie est une bonne ressource.

Bibliographie

La méditation

Jon Kabat-Zinn, *Méditer,* Paris, Les Arènes, 2010.

Jon Kabat-Zinn, *L'Éveil des sens. Vivre l'instant présent grâce à la pleine conscience,* Paris, Les Arènes, 2010.

Jon Kabat-Zinn, *Où tu vas, tu es. Apprendre à méditer pour se libérer du stress et des tensions profondes,* Paris, J'ai lu, 2005.

Jon Kabat-Zinn, Zindel Segal *et al.*, *Méditer pour ne plus déprimer. La pleine conscience, une méthode pour vivre mieux,* Paris, Odile Jacob, 2009.

Frédéric Rosenfeld, *Méditer, c'est se soigner,* Paris, Les Arènes, 2007.

Stéphan Bodian, *Zen, La Méditation pour les nuls,* Paris, First, 2005.

Mingyour Rinpoche, *Bonheur de la méditation,* Paris, Fayard, 2007.

S. Suzuki, *Esprit zen, esprit neuf,* Paris, Seuil, « Points sagesse », 2007.

C. Trungpa, *Zen et tantra,* Paris, Seuil, 2010.

C. Trungpa, *Folle sagesse,* Paris, Seuil, « Points sagesse », 2000.

L'acceptation des émotions et la thérapie ACT

Christophe André, *Les États d'âme. Un apprentissage de la sérénité,* Paris, Odile Jacob, 2009.

Russ Harris, *Le Piège du bonheur,* Montréal, Québec, Éditions de l'Homme, 2010.

Jean-Louis Monestès et Matthieu Villatte, *Le Manuel ACT*, Paris, Masson, 2001.

Benjamin Schoendorff, *Faire face à la souffrance. Choisir la vie plutôt que la lutte avec la thérapie d'acceptation et d'engagement*, Paris, Retz, 2009.

Sur les nouvelles thérapies

Catherine Meyer (dir.), *Les Nouveaux Psys*, Paris, Les Arènes, 2008.

Les conséquences psychiques des carences affectives ou de la maltraitance

Alice Miller, *Le Drame de l'enfant doué*, 1979, Paris, PUF, 2008.

Alice Miller, *Ta vie sauvée enfin*, Paris, Flammarion, 2008.

Alice Miller, *Notre corps ne ment jamais*, Paris, Flammarion, 2004.

Boris Cyrulnik, *Les Nourritures affectives*, Paris, Odile Jacob, 1993.

Moussa Nabati, *Guérir son enfant intérieur*, Paris, Le Livre de Poche, 2009.

Les émotions

Isabelle Filiozat, *L'Intelligence du cœur*, Paris, Marabout, 2007.

Daniel Goleman, *L'Intelligence émotionnelle*, Paris, J'ai lu, 2003.

Pierre Philippot, *Émotion et psychothérapie*, Bruxelles, Mardaga, 2007.

Les thérapies cognitives et comportementales, les schémas, et l'EMDR

Jean Cottraux, *Les Thérapies comportementales et cognitives*, Paris, Masson, 2011.

Jean Cottraux, *Psychothérapies cognitives des troubles de la personnalité*, Paris, Masson, 2006.

Jean Cottraux *La Répétition des scénarios de vie*, Paris, Odile Jacob, 2001.

Albert Ellis, *La Thérapie émotivo-rationnelle*, Genève, Suisse, Ambre, 2010.

Dominique Page, *Borderline. Retrouver son équilibre*, Paris, Odile Jacob, 2006.

Francine Shapiro, Margot Silk Forrest, *Des yeux pour guérir, la thérapie pour surmonter l'angoisse, le stress et les traumatismes*, Paris, Seuil, 2005.

Jeffrey Young, *La Thérapie des schémas. Approche cognitive des troubles de la personnalité,* Bruxelles, De Boeck, 2005.

Jeffrey Young, *Je réinvente ma vie. Vous valez mieux que vous ne pensez,* Montréal, Québec, Éditions de L'Homme, 2003.

La dépression et la MBCT

Alain Ehrenberg, *La Fatigue d'être soi. Dépression et société,* Paris, Odile Jacob, 1998.

Zindel Segal *et al.*, *La Thérapie cognitive basée sur la pleine conscience pour la dépression. Une nouvelle approche pour prévenir la rechute,* Bruxelles, De Boeck, 2006.

Jon Kabat-Zinn, Zindel Segal *et al.*, *Méditer pour ne plus déprimer. La pleine conscience, une méthode pour vivre mieux,* Paris, Odile Jacob, 2009.

L'estime de soi et l'affirmation de soi

Christophe André, *Imparfaits libres et heureux,* Paris, Odile Jacob, 2006.

Charly Cungi, *Savoir s'affirmer*, Paris, Retz, 2005.

Thomas d'Ansembourg, *Cessez d'être gentil, soyez vrai,* Montréal, Québec, Éditions de l'Homme, 2004.

La liberté

Alain Ehrenberg, *La Fatigue d'être soi. Dépression et société,* Paris, Odile Jacob, 1998.

Michel Foucault, *Histoire de la folie à l'âge classique,* Paris, Gallimard, « Tel », 1976.

Fabrice Midal, *Risquer la liberté, vivre dans un monde sans repères*, Paris, Seuil, 2009.

Alexis de Tocqueville *De la démocratie en Amérique*, Paris, Garnier-Flammarion, 1999.

Psychologie et psychanalyse

Sigmund Freud, *Malaise dans la civilisation,* Paris, Seuil, « Points Essais », 2010.

Sigmund Freud, *Introduction à la psychanalyse,* Paris, Payot « Petite bibliothèque Payot », 2004.

Carl Gustav Jung, *Ma vie. Souvenirs, rêves et pensées,* Paris, Gallimard, « Folio », 1991.

Carl Gustav Jung, *Les Racines de la conscience,* Paris, Livre de Poche, 1995.

Carl Gustav Jung, *Dialectique du moi et de l'inconscient,* Paris, Gallimard, « Folio », 1986.

David G. Myers, *Psychologies,* Paris, Flammarion, « Médecines-Sciences », 2004.

Philosophie, mathématiques et mythologie

James Gleick, *La Théorie du chaos,* Paris, Flammarion, « Champs Sciences », 2008.

Edith Hamilton, *La Mythologie : ses dieux, ses héros, ses légendes,* Paris, Marabout, 2007.

Martin Heidegger, *Qu'appelle-t-on penser ?,* Paris, PUF, 2010.

Simone Weil, Bernard Knox, Enrique Escobar, *L'« Iliade », poème du XXIe siècle,* Paris, Arléa, 2006.

Simone Weil, *La Pesanteur et la Grâce,* Paris, Pocket, « Agora », 1993.

Remerciements à

Zindel Segal, Lucio Bizzini, Guido Bondolfi, Pierre Philippot, pour ce qu'ils m'ont transmis de précieux lors de ma formation à la thérapie MBCT,

Christophe André pour tout ce qu'il a apporté à la psychothérapie en France, et pour la confiance qu'il m'a souvent témoignée,

Jean-Louis Monestès et Matthieu Villatte pour leur excellente initiation à la thérapie ACT,

Didier Pleux et Bernadette Gosselin pour l'initiation à la thérapie émotivo-rationnelle d'Albert Ellis qui m'a profondément interpellée,

Benjamin Schoendorff pour les échanges qu'on a eus sur la relation et qui ont participé à m'éclairer sur l'importance de la présence,

Fabrice Midal pour ses enseignements riches et précieux de l'ouverture du cœur et de la pratique de la méditation comme voie de la liberté,

Caroline Rolland pour sa gentillesse et son écoute et surtout pour m'avoir fait confiance en me permettant d'écrire ce livre,

Le professeur Bernard Granger pour m'avoir accueillie dans son service en m'accordant toute sa confiance,

Flore Delapalme pour tout le travail sur mon esprit que nous avons effectué ensemble,

Stéphanie Gerster Collombet pour sa patience, son écoute et son dévouement permanent ainsi que ses avis très pertinents,

Isabelle Hennebelle pour sa confiance et pour son amitié précieuse, et son implication pour un monde de l'entreprise plus humain,

Rosalie Evelyn pour son amitié et ses encouragements pour ce livre,

À tous les membres SCM Hugo-Poincaré pour le climat d'entente et d'amitié dans lequel nous travaillons,

À Alexis Lavis pour les discussions que nous avons partagées sur la névrose et le bouddhisme qui m'ont éclairée,

Régine Jeanningros pour son esprit aiguisé qui m'a souvent aidée à y voir plus clair dans des situations de confusion,

À Geneviève Cailloux et Pierre Cauvin pour m'avoir fait découvrir leur approche multidimensionnelle de l'humain et pour leur amitié,

À tous ceux qui me donnent ou m'ont donné leur amour,

À tous ceux qui m'ont remise en question, car j'ai su grâce à eux que j'étais une personne ordinaire, un être humain faillible et vulnérable.

Table

CHAPITRE 3

Qu'est-ce qu'une psychothérapie et en quoi peut-elle être utile à tous ?

CHAPITRE 4

Questions soulevées par les nouvelles approches en psychothérapie

CHAPITRE 5
Conseils pour tous quand on se sent désemparé

Ouvrage proposé
par Christophe André

Cet ouvrage a été transcodé et mis en pages
chez NORD COMPO (Villeneuve-d'Ascq)

Achevé d'imprimer en avril 2011 sur rotative offset Variquik
par l'Imprimerie Sagim à Courtry (Seine et Marne).

Dépôt légal : mai 2011
N°d'édition : 7381-2626-X
N° d'impression : 12364

Imprimé en France

L'imprimerie Sagim est titulaire de la marque
Imprim'vert® depuis 2004